絶対成功する！

外国語授業
33の
英語表現
指導
アイデアブック

瀧沢広人 著

小学
6
年

明治図書

　私は色々な場所で「外国語の習得に臨界期はありません。何歳からでも外国語を学ぶことができます。要は，外国語を学ぶ動機と学習時間だと言います。しかし，臨界期はなくても，外国語を学ぶのに適した時期（＝"敏感期"）はあるように感じます。それが小学校の時期です」という話をすることがあります。まさしく小学生という時期は，英語学習の"敏感期"だと思うのです。外国語を学ぶ楽しさやコミュニケーションを図る楽しさに気付き，歌やジェスチャー，身体を動かしての外国語学習を通じ言語を暗示的に学び，さらに異文化への柔軟さをもつ時期に，様々なものの考え方に触れ，寛容な態度を気付くことができるのも，小学校の時期であり，小学生の特権だと思うのです。

　さらに小学校から英語学習を始めると，4年間で210時間（小3：35時間，小4：35時間，小5：70時間，小6：70時間）の学習時間となります。外国語を身に付けるには，ある程度の「学習時間」の確保と「学ぶ動機づけ」が必要と言われていますので，教材に工夫を加え，オーセンティックな場面を設定し，実際に海外の学校と交流するなど，英語を学ぶ動機を高める工夫をぜひ教育課程に盛り込みたいものです。先日は，大阪城で，胸に English Learner と書かれた名札を付けた小学生を見かけました。2人の小学生は，外国人に英語で，それこそ上手な発音でインタビューをしていました。子どもが好きそうな男性の外国人は，丁寧にインタビューに応じ，インタビュー後に小学生がその男性にプレゼントを渡すと，嬉しい笑みを浮かべ，その子たちと記念写真を撮っていました。それを見ていた私は，その微笑ましい様子に，つい小学生に話しかけ，色々と尋ねると，何と幼稚園の頃から英語を学んでいるということでした。外国人観光客の多い大阪城で，初めて会う外国人に話しかけるのも勇気のいることですが，日本の印象を尋ねたり，日本のことを伝えたりしている頼もしい姿を見て，「こういう学習がこれからの日本の小学校英語教育には必要なんだなあ」と強く感じました。

　さて，本書で全4巻が終了します。本書シリーズでは，授業展開を45分授業のところを40分で組み，5分の余裕をもたせています。英語の授業は，指導教員の指導観により，帯的な学習を設け，語彙や文字，音韻認識能力を育てる指導，絵本の読み聞かせ等を行うことがあります。それらはとっても大事な学習です。そのことを考慮し，40分で作成しています。どうか残りの5分は，帯的な学習に充てても構いませんし，授業展開の中のどこかを引きのばしても構いません。なお筆者は，3・4年生では絵本の読み聞かせ，5・6年生では音韻指導の充実に充てたいと考えています。本書に載せたアイデアは，あくまでも参考例となりますので，どうか先生方でアイデアを膨らませ，楽しい授業にしていただければと思います。2020年からの小学校外国語の授業が意味あるものとなりますよう，学校の先生方に提案を今後も続けていきたいと思っています。ご活用いただけると幸いです。

　2020年2月　　　　　　　　　　　　　　　　岐阜大学教育学部准教授　瀧沢広人

もくじ

Chapter 1

絶対成功する！

小学6年
外国語授業の
ポイント5

1 コミュニケーションを意識した基本表現指導はどう進めればいいの？

　私たちは，「なぜ外国語を学ぶの？」と問われると，「コミュニケーションのため」と答える人が多いのではないでしょうか。共通の言葉をもっていない人同士が意思疎通を図るための道具が，外国語となります。では，コミュニケーションっていったい何でしょうか。

　八島（2004）によると，正式な定義は別とし，コミュニケーションを「他者に対して存在すること」「意味の共有」「相互作用」の3つをキーワードとしてあげています。

　第1に，コミュニケーションは，「**他者に対して存在**」します。コミュニケーションを行うためには，他者が必要です。そのために，小学校の英語授業でも，相手意識・他者意識のある言語活動をするわけです。例えば，わが町の紹介では，「新しく来たALTがまだ町のことをよく知っていないんだって（場面）。そこで，この町のよさや特徴を教えてあげよう（目的）。ALTには5歳の男の子がいます（状況）」と，コミュニケーションを行う目的や場面，状況を設定します。するとALTに5歳の子がいると分かれば，地元にある遊び場を教えてあげるかも知れません。We have the Nagara park near the river. You can enjoy running, sports and, eating outside.（川の近くに長良川公園があります。走ったり，スポーツをしたり，外で食べたりできます。）つまり，誰と会話するのか，誰宛てに話をするのか，相手を決めるのです。

　第2に，「**意味の共有**」です。八島は，「意味の交渉や調整をしながら共通の意味を構築していく」「共通の経験が多いほど意味が共有しやすい」と言います。つまり，コミュニケーションを図りながら，お互いの思いや考えを伝え合い，理解していくことを行います。そこで，次のような対話はコミュニケーションではありません。

T：What sports do you play?　　**C1**：Soccer.

T：I... play... ?　　**C1**：あっ！I play soccer.

　これでは，英語学習になっています。コミュニケーションなら，2番目の教師の発言は，

T：Oh, you play soccer? Are you good at soccer?

　等となるはずです。もちろん，英語授業ですから，英語学習の場面があっても当然いいですが…。

　第3に，「**相互作用**」です。八島は，「相手の反応に合わせて，自分の反応を変える。それを受けて相手もまた反応するというように，刻々と変化する動的なプロセスである」と言います。つまり，コミュニケーションを取りながら，相手が理解しているか表情や反応を見て，共有の意味を構築する作業ということになります。

　よって，言語指導した後の活動では，コミュニケーションを意識した児童とのやり取りを楽しみたいものです。

〈引用文献〉『外国語コミュニケーションの情意と動機』八島智子著（関西大学出版部）

2 読むことの指導と評価はどうすればいいの？

読むことの目標は，学習指導要領では，次のように書かれています。

> ア　活字体で書かれた文字を識別し，その読み方を発音することができるようにする。
> イ　音声で十分に慣れ親しんだ簡単な語句や基本的な表現の意味が分かるようにする。

つまり，読むことの指導の1点目は，「アルファベットの大文字・小文字を読めるようにさせること」であり，評価は，「アルファベットの大文字・小文字が読めるかどうか確かめればよい」ということになります。

また，「簡単な語句や基本的な表現を読んで意味が分かるようにする」ということから，音声で十分に慣れ親しんだ語句や表現を，実際に読ませ，読むことに慣れさせる必要があります。例えば，I like や，I play… は，音声で十分に慣れ親しんでいますので，「ケンとメアリーの話を読み，次の表を埋めましょう」とし，児童に読ませてはどうでしょうか。

Hi, I'm Ken. I like soccer and basketball.
I play soccer on Tuesday.
I play basketball on Thursday and Sunday.

Good morning. I'm Mary. I like tennis.
I play it on Wednesday and Saturday.

	好きなスポーツ	やる曜日
Ken（ケン）	①（　　　　　　　　　）	②（　　　　　　　　　　　　　）
	バスケットボール	③（　　　　　　　　）と日曜日
Mary（メアリー）	④（　　　　　　　　　）	水曜日と⑤（　　　　　　　　）

単元末テスト等では1問4点で20点とし，「思考・判断・表現」の評価とします。あるまとまった英文の中から情報を読み取ることですので，それだけで「思考・判断・表現」の評価となります。

よって，読むことでは「アルファベットの大文字小文字が読める」「簡単な語句や表現が使われている文を読んで意味が分かる」ができれば良しとします。

3 書くことの指導と評価はどうすればいいの？

書くことの目標は，学習指導要領では，次のように書かれています。

> ア　大文字，小文字を活字体で書くことができるようにする。また，語順を意識しながら音声で十分に慣れ親しんだ簡単な語句や基本的な表現を書き写すことができるようにする。
> イ　自分のことや身近で簡単な事柄について，例文を参考に，音声で十分に慣れ親しんだ簡単な語句や基本的な表現を用いて書くことができるようにする。

簡単に言うと，次の３つになります。

> ①アルファベットの大文字・小文字が書ける。
> ②語句や表現を書き写すことができる。
> ③例文を参考に自分のことや身近なことに関して書くことができる。

つまり，授業では，書くことに関しては，上の３つをやればよいこととなります。

　そんなに難しいことをやるわけではありません。一番難しいのは，①のアルファベットの大文字・小文字を全て書けるようにさせることではないかと考えます。そして，②の語句や表現を書き写すことを重ね，書くことに慣れさせ，③で自分のことを表現させます。

〈テスト例１〉

　アルファベット順に文字が書かれています。□に入るアルファベットを書きなさい。

〈テスト例２〉

　例を参考に，自分の好きなものを書きましょう。

　例）　I like soccer.

〈参考文献〉『小学校英語サポート BOOKS　単元末テスト・パフォーマンステストの実例つき！小学校外国語活動＆外国語の新学習評価ハンドブック』瀧沢広人著（明治図書）

4 海外交流するプロジェクトを行いたい時は？

　今の時代は，パソコンで，海外で時差のない国であれば，授業中にテレビ画面で会うことができます。なにも ICT は，パソコンとプロジェクターを用いて，授業するだけではありません。ICT を活用することで，全世界の人がつながり，共通の言葉として英語を介して会話ができます。教室内また学校内だけが，コミュニケーションの相手ではないのです。

　小学校 5・6 年生は，だんだんと書くことも始め，書き残していった成果物も，きっとあることと思います。そのような成果物を集め，書き直し，1 つに作り直して，それを海外の学校に送ってみたらどうでしょうか。すると，相手校もきっと返事を書くでしょう。そしてまた，それらが日本に送られてきます。児童に手渡しします。海外から届いた手紙類に，児童はきっと驚きと嬉しさを感じることでしょう。なにせ今の時代はデジタルです。パソコンやテレビといった画面からしか，情報が伝わってきません。手紙を手にした児童たちは，難しい英文でも何が書かれているのか，読もうとするでしょう。教師が一生懸命作ったワークシートを読もうとしなかった児童が，海外からの個人に向けられた手紙であれば，きっと読むに違いありません。さらに，分からないところは分かろうとし，教師に聞いてくるでしょう。そして，「先生！また手紙書きたい」という児童が出てきたら，内発的な動機づけにつながります。異文化交流はこういうところから始まります。

　実際，私が教えている大学 1 年生のライティングの授業でも，「相手意識のある活動を」と思い，オーストラリアの小学校に手紙を送ったら，相手校の先生から「無事届きました。小学 5 年生が今，返事を書いているところです。子ども達は返事を書いた大学生からまたお便りをもらいたいようです」とメールをいただきました。相手側も楽しみになるのです。そして，15 回の授業の最後には，そのミニ文通をした児童とテレビ会議システム等を用い，実際に会って，Hello. I'm Hiroto. Are you Mary？と，画面上ですが会えたら，何と素敵ではないでしょうか。大学生です。もしかしたら，オーストラリアに旅行や短期留学に行ってみたくなり，その文通相手にも会うかも知れません。可能性は無限です。

　「はじめに」（p.2）でも書きましたが，6 年生の子が大阪城で外国人にインタビューをしていました。このような経験は，周りの「英語がこれからは必要だ」とか，「英語を今のうちに学んでいかないと」というような助言以上に，児童自らが敏感に感じ，英語学習への確かな動機づけになるのではないかと思いました。小学校英語の大きなキーワードである「児童を本気にさせる」「本物を与える」を実践できるのも小学校段階なのではないかと思っています。

＊ジャパンライムから2020年5月　岐阜県大垣市立中川小学校の授業 DVD が発刊になります。そこには，テレビ会議システムを用いた 6 年生の授業がご覧いただけます。

5 中1ギャップを防ぐステップアップ方法は？

　小学校6年生の先生方にとって，児童の進学については，大変気になるものです。基本的には，中学校に進学したら，それは中学校の先生に任せるべきものですが，目の前の児童が，中学校でも元気よくやっていけるためには，それなりの接続を考えておく必要があるでしょう。では，英語ではそれは何でしょうか。

　1つ目は，「簡単な基本表現は言えるようにさせておく」ということです。本書でも扱っている基本的な表現は，そんなに数多くありません。拙著『Small Talk で英語表現が身につく！小学生のためのすらすら英会話』（明治図書）には，小学校3～6年で習う基本表現を載せていますし，個人でチェックできるワークシートも載せています。児童の学習過程において，どこかで確認作業は必要になります。ご参考いただけると幸いです。

　2つ目は，「コミュニケーションの楽しさを味わわせておくこと」です。外国語という言語を用いて，他者の思いや気持ちを理解することの楽しさに気付いてもらうことです。活動中は，その楽しさを感じてはいるものの，それは一瞬の出来事ですので，振り返りの時間を用いて，「友達と英語でコミュニケーションを図り，新たに知ったことや気付いたことは何ですか」のような発問で，コミュニケーションを図ることの大切さに意図的に気付かせていくとよいでしょう。

　3つ目は，「アルファベット大文字・小文字を読める・書けるようにさせること」です。また，文字の名称（A：エイ，B：ビー，C：スィー）と，文字の音（A：ア，B：ブッ，C：ク）を区別し，認識できるようにさせます。さらに，音の操作である「音韻認識能力」をつけることができたら，中学に行ってからの「音と文字との一致」（フォニックス等）の学習がスムーズにいくことと思います。音韻認識能力は，どこかでワーク集のような形で提案したいと思っています。

　最後に，「Small Talk の力」です。小学5年生で1分間，6年生で2分間くらいは，友達と英語で話を続けられる力があれば完璧です。本書でも，Small Talk の展開も載せています。これからは中学校でも授業の冒頭で Small Talk をやるようになります。とにかく，英語を話そうという意思を育て，話せるだけの語彙や表現を伸ばしていくとよいかと考えます。Small Talk に関しては，『英語教師のための Teacher's Talk & Small Talk 入門』（明治図書）に，まとめさせていただきましたので，併せてご一読されると幸いです。

　まとめますと，①基本表現，②コミュニケーションの楽しさ，③アルファベットの読み書き，④ Small Talk と考えます。これらの4つの力をつけ，中学校に進学させ，また，学力を確認しながら，英語が大好きな児童・生徒を育てていきましょう。

Chapter2

授業細案でみる！
英語表現
33の指導
アイデア

I like ME！ 私は私が好きです
I am kind. 私の特徴は？

・目　標：自分のよさを知り，それを英語で伝えることができる。
・準備物：□アクティビティ・シート

全国学力学習状況調査によると，公立小学校6年生の児童の約80%は，「自分にはよい所がある」と肯定的な回答をしています（H29：77.4%，H30：84.0%，R1：81.2%）。また，「先生は，あなたのよいところを認めてくれていると思いますか」については，約86%の児童が肯定的な回答をしています（H29：86.0%，H30：85.3%，R1：86.1%）。教師が児童のよさを認め，よさを気付かせていく教育活動は大切です。初回，自己肯定感を高める授業としましょう。

1 導入（10分）

❶ 挨拶や曜日，日付，天気などを確認する。（4分）

T：Hello, class.（**C**：Hello.）

T：How are you？（**C**：I'm good. How are you？）

T：I'm great. What day is it today？（**C**：It's Friday.）

T：How do you spell "Friday"？（**C**：F... r... ？） F-r...（と綴りを黒板に書いていく）

T：What is the date today？（**C**：It's April 12th.）

T：Good. How do you spell "April"？（**C**：A... p ....）

T：Ap... r i l. April.

T：How's the weather？（**C**：It's sunny.）

T：What year？（**C**：2020）

> \ ポイント /
> 曜日，日付，西暦，天気の順で尋ね，曜日と月名だけは綴りを尋ねながら，教師が文字を黒板に書いていく姿を見せ，意図的に文字に触れさせるようにします。

❷ 歌を歌う。（6分）

　英語の歌は，6年生の最初の授業ということを考え，アルプス一万尺のリズムで手遊びしながら歌うABCソングがいいでしょう。ペアで，手遊びを行う楽しい雰囲気をつくり出してくれます。

〈参考文献〉『小学校英語教育の進め方　改訂版』岡秀夫，金森強編著（成美堂）

2 展開（25分）

① 名前を話題にする。（5分）

Teacher's Talk 　教師の苗字と名前を紹介します。

T：Hello. My name is Takizawa Hiroto.

　　T-a-k-i-z-a-w-a H-i-r-o-t-o.（黒板に書きながら綴りを言う）

　　Takizawa is my family name. Family name.

　　Hiroto is my first name. My first name.

〈板書〉

```
Friday, April 12th, 2020 ☼sunny
瀧沢　　　　広人
Takizawa  Hiroto
   ↑         ↖
 family name   first name
```

児童の名前を確認していきます。

T：What is your first name ? 　**C1**：Kenta.

T：What is your family name ? 　**C1**：Yamaguchi.

T：How do you spell your name ? 　**C1**：K-e-n-t-a.

以下，数名に聞いていきます。

名前の由来を説明します。

　　T：My first name is Hiroto. My mother named me Hiroto. My name means "Large man".
　　My mother hopes I can be a "Large man". I want to be a big hearted, kind, bright and
　　positive man. Kenta. Your name is Kenta. How do you write your name in *kanji* ?

Kenta：健太．

　　T：Oh, a good name. What does your name mean ?

Kenta：健康で…。

　　T：Can you say in English ?

Kenta：ヘルシー。

　　T：Healthy and....

Kenta：Strong....

　　T：Yes ! Heathy and strong. It's a nice name.

Kenta：（嬉しそうに）Yes.

    T：Now all of you have good points. Today's aim is 自分のよい所を英語で４つ伝えよう．

❷ 自分のよさを英語４つで表す。（20分）

アクティビティ・シートを配ります。

特徴や性格を表す語を繰り返させます。

T：人には色々なよい所があります。みんなはどんないい所があるかな。

    ちょっと，英語で繰り返してみましょう。「元気がある」active！（**C**：active）

T：Active（**C**：Active）

> \ ポイント /
> 　繰り返させる時には，必ず２回以上言わせましょう。２回以上というのは，１回目に急に英語を聞いて繰り返せなかった児童が，２回目で繰り返すことができるようにするためです。

自分の性格や特徴を４つ選ばせます。

友達の性格や特徴を伝え合います。

T：では，自分が選んだのと，友達から見た自分は違うかも知れませんし，ぴったり一致するかも知れません。今から，自由に立って，友達のところに行って，Hello. You are kind and active！ などと２つ伝えてあげてください。何人かの人とやりながら，友達から見た自分を比較してみましょう。時間は５分くらいとります。Stand up！ Ready Go.

活動の振り返りを行います。

Writing　感想を共有した後に，自分のよさを英語で２つ書かせます。

❸ まとめ（5分）

振り返りカードへの記入を行い，学んだことなどを発表させます。

人には色々なよさがあるね！

active
（元気がある）

kind
（親切な）

honest
（真面目）

positive
（前向き）

funny
（楽しい・面白い）

strong
（強い）

talkative
（おしゃべりの）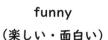

clever
（かしこい）

brave
（勇気がある）

friendly
（友好的な）

creative
（創造的な）

shy（はずかしがり屋）　　hard working（がんばり屋）

★自分のよさを英語で書いてみましょう。

I am

I am

2 I like ME！ 私は私が好きです
Hello. My name is Hiroshi. 自己紹介してみよう！

・目　標：基本的な表現を用いて，自分のことを紹介する。
・準備物：□教師の自己紹介と自己紹介シート　□アクティビティ・シート

児童は3年生から英語を学び，簡単な語句や基本的な表現をかなりの部分で蓄積されてきていると思います。今回は特に，5年生で学習した表現を思い出させながら，前回の自分のよさを含め，グループで自己紹介をさせていきます。

1 導入（10分）

❶ 挨拶を行い，曜日・日付，天気等を確認後，歌を歌う。（5分）

❷ 自己紹介する。（5分）

Teacher's Talk　既習事項を思い出させながら，自己紹介をします。

T：改めて，自己紹介しますね。Hello.（**C**：Hello.）

I'm Takizawa Hiroto. I'm from Tokyo. My birthday is January 19th. I like reading books, traveling, going to hot springs, *onsen*, and studying English but going *onsen* is my favorite thing. I love *onsen*. I can speak English and I can cook！ My favorite dish is hamburger steaks. My hamburger steaks are super delicious. I am not good at singing. My songs are very bad. I do not like animals so I don't have any pets. I am very positive and bright and warm hearted and friendly. I like me when I am positive. Thank you.

\ ポイント /
小学5年生までに次のような表現等を学習してきています。

1	My name is....	8	My favorite... is.... （一番好きなもの）
2	I'm from	9	My birthday is....
3	I like.... （食べ物，スポーツ，教科等）	10	I want to go to....（国や日本で行きたい所）
4	I play.... （スポーツ，楽器）	11	I get up at.... （日課）
5	I have.... （家族やペット，宝物など）	12	I want to go shopping. （やりたいこと）
6	I want.... （七夕，誕生日クリスマスなど）	13	I am good at.... （得意なもの）
7	I can.... （特技，できること）	14	I'd like steaks. （食べたいもの）

②展開（25分）

❶ 紹介内容を絵に表す。（8分）

アクティビティ・シートを配ります。

自分を紹介するのに特徴的なことを4つの絵や文字で表します。

教師の自己紹介シートを見せ，作品のイメージをもたせます。

時間を10分くらいとり，その間，机間指導しながら，英語で語りかけ，自己紹介で使いそうな表現に触れさせておきます。

❷ 自己紹介の Warming up をする。（5分）

児童はペアになり，机を向かい合わせます。

T：Make pairs. Move your desks together.

廊下側の児童が，紙を相手に見せながら，自己紹介します。

T：廊下側, stand up！ You are going to introduce yourself by showing your paper.
　　窓側, what can you do ?

C1：Reaction.

C2：Smile.

C3：Eye contact.

C4：Comment.

T：After finishing, sit down and ask questions. I'll give you one minute.
　　Are you ready ?

C：Yes.

T：Start！

聞き手を育てることは大事です。その点に気を付けて聞かせ，どのような聞く力をつけさせるかを事前に示しておき，それから活動を行います。終わった後には，自己紹介した人には，「ちゃんと紙を相手に見えるように見せて伝えたか」，聞いていた人は，「Reaction, Smile, Eye contact, Comment, Question ができたか」どうか確認し，評価します。

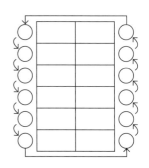

窓側の児童が立ち，自己紹介します。

1つ席を右側に移動させ，違う人と行わせます。
　座席を右のように1つ右に移動させ，同じ活動を繰り返し行い，英語を表現することに慣れさせていきます。

❸ グループ（4人）を作らせ，自己紹介をする。（6分）

　4人組を作らせ，机の真ん中を空けて，グループを作ります。

T：Make a group of four.
　　Do *janken*. 一番負けを決めてください。（**C**：ジャンケンをする。）

T：Losers, stand up.（**C**：ジャンケンに負けた児童は立つ）

T：You are the first batters. 自己紹介をします。終わったら座っている人は，どんどん質問をします。できるだけ，黙っている時間がないようにします。時間は1分間です。
　　Are you ready ?（**C**：Yes.）

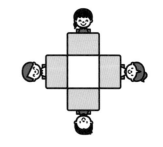

1人終わったら，左側に座っている友達が自己紹介をします。
これを繰り返していき，4人全て行います。

活動を振り返ります。

❹ 自分のことを紹介する文を書く。（6分）

T：自己紹介で言った英文を2つ書いてみましょう。

③ まとめ（5分）

振り返りカードへの記入を行い，学んだことなどを発表させます。

Part 1

I like ME!　私は私のここが好き！

★１　自分を紹介します。どんなことを紹介しますか。絵や文字でかいてみましょう。

❶	❷
❸	❹

★２　話した英語を２つ書いてみましょう。

Welcome to Japan !　日本を紹介しよう
We have *hanami* in spring.
行事について紹介しよう

・目　標：日本で行われている行事を知り，英語を聞いて理解する。
・準備物：□行事の絵カード　□カルタカード

日本のよさ，地域のよさを海外に伝えることを通じ，児童に改めて日本のよさや住んでいる地域の
よさを気付かせ，また，学ばせながら，母国や生まれ育った故郷を大事に思う気持ちを育ててい
きましょう。

1 導入（15分）

❶ 挨拶を行い，曜日・日付，天気等を確認後，歌を歌う。（5分）

❷ 日本の主な行事を見せながら，何月の行事であるか5年生の復習を兼ね行う。（10分）

T：（七夕の絵カードを見せながら）What event is this ?

C：*Tanabata.*

T：Yes. What is *tanabata* in English ?

C：Star festival.

T：Right. It's Star Festival. When is it ?

C：July.

T：Yes. In July, we have Star Festival. What do you do on this day ?

C：We.... 願いごと .

T：Today is May 7th. We have two more months to Star Festival. What do you wish ?
　　I wish for my family's health and I want to visit America.

C：I want a game cassette.

> ＼ ポイント ／
>
> 　このように，日本で行われている行事〔①Star Festival（七夕：July）②Girl's Day（ひな祭
> り：March）③Children's Day（こどもの日：May）④Halloween（ハロウイン：October）⑤
> Christmas（クリスマス：December）⑥Valentine's Day（バレンタインデー：February）⑦
> New Year's Day（新年：January）⑧*Setsubun*（節分：February）⑨*Shichi-go-san*（七五
> 三：November）⑩*hanami*（花見：April）等〕を紹介し，児童とやり取りを行います。

❷ 展開（20分）

❶ カルタの準備をする。（3分）

カルタカードを配ります。

T：We're going to play *karuta*. Make pairs.

C：（ペアになり机を向かい合わせる）

T：Do *janken*. Losers, come here.

C：（児童はジャンケンをする）

T：（カルタカードをペアに1セット渡す）

　　　Spread cards all over your desks.

C：（カルタカードを広げる）

❷ カルタのやり方を説明する。（2分）

T：Playing *karuta* is very easy. I'll talk about an event, you listen and take the card.

　　　There are three rules.

　　　First, "Do your best !"（真剣に勝負する）

　　　Second, when I say, "Go !", you take the card.（教師が Go ! と言ったらカードを取る）

　　　Third, you can learn by losing games.（ゲームで負けを覚えよう！）

　　　負けることも勉強です。勝つ人がいれば負ける人はいます。負けを覚えましょう。

〈板書〉

```
Wednesday, May 7th, 2020 ☼sunny
ねらい：日本の行事を説明できるようになろう。

カルタ  ① Do your best.
        ② Go! と先生が言ったら取る。
        ③ 負けることも勉強！
```

❸ カルタゲームをする。（15分）

T：O.K. Are you ready ?

C：Yes.

T：All of you like this event. It is in winter. You can enjoy eating cake and chickens. You can get some presents from Santa Claus. Go !

C：（クリスマスのカードを取る）

T : こんな風にやります。O.K. Next.

\ ポイント /
　このように，説明型のカルタは，途中でカードを取り始めると教師が言っている声が聞こえなくなりますので，Go！の合図で，取らせるようにします。

New Year's Day	Many people go to shrines or temples. We **eat** mochi and *osechi*. Children **can get** money.
Valentine's Day	In February, girls **give** chocolates to boys. It's on February 14th.
Setsubun	At night, we **throw** beans, shouting "Devils out！ Happiness in." Then we **eat** *norimaki* and beans. It's on February 3rd.
Girl's Day	We **celebrate** girls in March. We **eat** *hina* snack and decorate *hina* dolls in the room. It's on March 3rd.
Hanami	We eat and drink under the tree in April.
Children's Day	It is a holiday. We can **see** carp in the sky. We **eat** *kashiwa-mochi* for this day. It's on May 5th.
Star Festival	We **write** our wishes on the paper and we put them on the bamboo leaves. *Orihime* and *Hikoboshi* can meet on July 7th.
Summer festival	We can **enjoy** eating shaved ice and watching fireworks.
Moon viewing	We **make** *dango* in September. We can enjoy a beautiful moon.
Shichi-go-san	We **celebrate** 7-year-old girls and 5-year-old boys, and 3-year-old girls at this event in November. We eat candies.
Halloween	We **wear** costumes. We visit houses saying "Trick or Treat！" It is on October 31st.

活動の振り返りを行います。

行事の絵カードを見せ，どんな英語で説明できるか簡単に振り返るとよいです。

❸ まとめ（5分）

振り返りカードへの記入を行い，学んだことなどを発表させます。

New Year's Day

Setsubun

Valentine's Day

Girl's Day

hanami

Children's Day

Star Festival

Summer Festival

Moon viewing

Shichi-go-san

Halloween

Chiristmas

2 Welcome to Japan！ 日本を紹介しよう
We have sushi in Japan.
食べ物について紹介しよう

・目 標：世界にすすめたい日本の食べ物について知る。
・準備物：□日本食の写真 □アクティビティ・シート

日　本料理は外国人からみると，colorful で，beautiful で，そして，healthy だと言います。そんな日本独特の食べ物はたくさんあり，それも日本のよさであると思います。どんな食べ物を，どんな時期に食べるのか紹介できるようにしていきましょう。

1 導入（15分）

❶ 挨拶を行い，曜日・日付，天気等を確認後，歌を歌う。（5分）

❷ 日本食をテーマに Small Talk を行う。（10分）

　Teacher's Talk　日本食について写真を見せながら英語でやり取りを行います。

T：What's this？

C：Sushi.

T：Yes. Do you like sushi？

C：Yes, I do.

T：When I was a child, I didn't eat sushi. I did not like sushi. Now, I like tuna, salmon, octopus, young yellowtail. I can eat squid, but I do not like squid. What sushi do you like？

C1：I like salmon. It's delicious.

T：Yeah, me too. Then, we have many Japanese foods in Japan. This is *sukiyaki*, and this is *shabushabu*. I like *sukiyaki*. Which do you like better, *sukiyaki* or *shabushabu*？

C2：I like *shabushabu*.

T：I see. Do you like *soba* or *udon*？ Which do you like better？

C3：I like *udon*.

T：Oh, I like *soba* better.

　Pair Work　児童同士で Small Talk をします。

T：O.K. Let's talk about "Japanese food." Make pairs and move your desks together.

C：（ペアになる）

T : I'll give you one minute. Keep talking, ready go !

振り返ります。

T : O.K. We have many Japanese foods. What Japanese food do you like ?

C1 : I like *yakitori*.

T : Good. I like it too.

2 展開（20分）

❶ 3ヒント・クイズをする。（15分）

アクティビティ・シートを配ります。

T : O.K. We'll play 3 hints quiz. I'll give you an activity sheet. So, take one. Here you are.

C : Thank you.

3ヒント・クイズのやり方を説明します。

T : I'll give you 3 hints. Listen and guess what Japanese food it is. If you can answer at the first hint, you can get 10 points. If you get the right answer at the second hint, you get 5 points. If you get a correct answer at the last hint, you get 3 points. If you can not get the right answer, you'll get minus 1 point.

〈やり方〉

①教師が3つのヒントを言う。

②第1ヒントを聞いて何か答えを書く。

③第2ヒントを聞く。第1ヒントと思った答えが同じなら，同じ答えを書く。違うなら，その答えを書く。

④第3ヒントを聞く。同様に，同じ答えなら同じ答えを書く。違えば，違う答えを書く。

⑤第1ヒントで当たっていれば10点。第2ヒントなら5点。第3ヒントなら3点。当たらなかったら，マイナス1点という，早いヒントで当たった方が得点が高くなるようゲーム性を持たせている。

例題を行います。

T : O.K. 試しにやってみよう。Example. Hint 1.

This is a Japanese food. We eat it in winter.

C：Winter ???　何だ？

T：（少ししたら，カウントダウンし，とりあえず答えを書くようにさせる）Five...., four....,
three...., two...., one..... O.K.　思いつかなかった人は斜線をひいておきます。

T：Hint 2. It is a hot food in a soup. We eat Japanese radish, boiled eggs, *konnyaku*,
chikuwa....

C：あ，分かった。

T：Write your answer. Hint 3. We eat them with *karashi*, mustard. The answer is....

C：*Oden.*

T：That's right.

　　得点を確認します。

T：第1ヒントで当たった人？（**C**：手をあげる）すごいね。10 points.　第2ヒント？
　　（**C**：手をあげる）5 points. 第3ヒント？（**C**：手をあげる）3 points. 当たらなかった
　　人？　おっ，いませんね。もし当たらなかったら，マイナス1点です。

〈3ヒント・クイズ例〉

No.1	Hint 1　This is a food. We eat it in summer.
	Hint 2　It is very cold.
	Hint 3　We can see many colors on it.
	We can eat it at festivals shops and restaurants. (A. shaved ice)
No.2	Hint 1　This is a Japanese food. It is famous in Osaka.
	Hint 2　It is hot. It is like a golf ball.
	Hint 3　Octopus is in the ball. (A. *takoyaki*)
No.3	Hint 1　This is a Japanese food. It is sour.
	Hint 2　It is red and small. We often eat it at breakfast. It is very healthy.
	Hint 3　We put it in rice balls. (A. *umeboshi*)

❷「日本には○○があります」という文を書く。（5分）

T：では，みんなが外国人に2つ日本食を紹介するとしたら，何を紹介しますか。アクティビ
　　ティ・シートの★2の We have をなぞった後，紹介したい日本食を書いてみましょう。

❸ まとめ（5分）

　　振り返りカードへの記入を行い，学んだことなどを発表させます。

Part 2

おすすめの日本食は何？

★1　先生の出すヒントを聞いて，答えてみましょう。

3ヒント・クイズシート

	Example	No.1	No.2	No.3
Hint 1（10点）				
Hint 2（5点）				
Hint 3（3点）				
points	点	点	点	点

sushi

tempura

yakitori

takoyaki

okonomiyaki

sashimi

sukiyaki

shabushabu

soba

★2　外国人に日本食を紹介するとしたら，何をしょうかいしますか。We have をなぞった後，しょうかいしたい日本食を2つ書きましょう。

We have

We have

3 Welcome to Japan！　日本を紹介しよう
You can visit Kyoto.　観光地を紹介しよう

・目　標：日本の観光地を紹介することができる。
・準備物：□観光地の写真　□日本地図　□アクティビティ・シート

本時は，日本の中の観光地を取り上げ，日本のよさを海外の人に発信することをねらいとしていますが，これを児童の住んでいる地域のことに当てはめることもできます。日本にはたくさんいいところがあると同時に，住んでいる地域にもよさがあることに気付かせる時間としたいです。

1 導入（15分）

❶ 挨拶を行い，曜日・日付，天気等を確認後，歌を歌う。（5分）

❷ 日本の観光地をテーマに，Small Talk を行う。（10分）

　Teacher's Talk　教師が今まで行ったところを，順位をつけながら紹介します。

T：Look at this map. This is Japan. I like traveling so I have been to many places.

I went to Hokkaido, Okinawa, Kyushu, Shikoku, Tohoku.... I enjoyed visiting many places.

Today, I'd like to share good places to you.

（と言って，日本でお気に入りの場所を第5位から第1位まで順に説明していく）

The fifth place is Hokkaido. I went to Sapporo, Asahikawa, Hakodate, Noboribetsu, Abashiri. I can enjoy *onsen* and eating seafood at morning market in Hakodate.

The seafood is very good. The *onsen* in Noboribetsu is also nice and hot.

The fourth place is Okinawa. We can swim in the beautiful sea and we can eat Okinawa's food. *Goya champru*, *soki-soba*, and also Blue Seal ice creams are delicious. My wife and I went to Okinawa for a honeymoon.

The third place is Aomori. I have friends there and we can enjoy Neputa Festival.

We can see the dance and I can enjoy it. Apples in Aomori are also very tasty.

The second place is Tokyo Disney Resort. We have two parks, Disneyland and Disney SEA. I like both, but I like Disneyland better. We can meet Mickey Mouse.

The first place is my town, Chichibu. I feel very comfortable in Chichibu. We have many beautiful rivers, clean air, and water is delicious. We can enjoy natures. We have Chichibu Shrine. We have Chichibu Night Festival on December 3rd. I like my town, Chichibu. Where do you like in Japan ?

C1：I like Chiba. I have いとこって何て言うんですか.

T：Cousin.

C1：I have my cousin in Chiba.

T：Nice. Do you visit Chiba every summer vacation ?

C1：Yes. I go to Chiba and swim.

T：Where in Chiba ?

C1：Sodegaura.

T：You can swim in the sea and eat seafood, right ?

C1：Yes.

T：O.K. Let's talk about "your favorite place in Japan." Make pairs.

Pair Work　児童同士で Small Talk をします。

C1：Hello.	**C2**：Hello.
C1：Where do you like in Japan ?	**C2**：I like Gunma.
C1：Why ?	**C2**：I can enjoy skiing.
C1：You like skiing ?	**C2**：Yes. How about you ? Where do you like in Japan ?
C1：I like Tokyo.	**C2**：Why do you like Tokyo ?
C1：I like shopping.	**C2**：Nice. Where in Tokyo ?
C1：Ueno, Ikebukuro, Shibuya.	**C2**：Oh, many.
C1：Yes, many places.	

振り返ります。

T：O.K. Where do you like to go in Japan, C1 ?

C1：I like Yamanashi. I can enjoy fruits and *onsen* and Mt.Fuji.

T：Yes. Have you climbed Mt. Fuji ?

C1：Yes.

T：To the top ?

C1：No.

T：Where do you like in Japan ?

C2：I like Kagoshima. I have cousins in Kagoshima.

T：Good !

活動後に，数名の児童とやり取りを行い，学習状況を把握します。

❶ おすすめの観光地を５つ考える。（15分）

　アクティビティ・シートに，おすすめの場所を５つ書きます。

T : Do you remember where I like in Japan ?

C : Chichibu, Okinawa, Hokkaido, Disney resort, and Aomori.

T : Right. So, where do you like in Japan ? Choose 5 places and write on the sheet.

C :（おすすめの場所を５つ書く）

　Class Work　友達に尋ねます。

T : Did you write 5 places ? Let's ask your friends, "Where do you like in Japan ? " and
take memos. O.K. ?　理由も言えるといいね。Let's practice. Where do you like in Japan ?

C1 : Where do you like in Japan ?

T : Stand up. Let's go !

C1 : Hello.

C2 : Hello.

C1 : Where do you like in Japan ?

C2 : I like Shizuoka. I like Mt Fuji.

　振り返ります。

T : 友達に聞いてみたら，どこが多かったかな？

C1 : Tokyo.　　**C2** : Okinawa.　　**C3** : Osaka.

T : どんな理由だった？

C1 : 東京は，買い物ができる。スカイツリーがある。

C2 : 沖縄は，きれいな海とか水族館がある。

C3 : 大阪は，お城があったり，お笑い劇場があったりする。たこ焼きも食べれる。

❷ おすすめの観光地と，そこで楽しめることを書く。（5分）

T : 外国人に１か所だけ紹介するとしたらどこを紹介しますか。紹介したい場所を書きましょう。またそこで何が楽しめるかも書きましょう。

3 まとめ（5分）

　振り返りカードへの記入を行い，学んだことなどを発表させます。

おすすめの観光地は？

★1　初めて日本を旅する外国人に，日本のどこに行くといいのかたずねられました。あなたは，どこをしょうかいしますか。5つ書いてみましょう。

★2　クラスのみんなはどこがおすすめなのでしょうか。できるだけ色んな人に質問して，みんなの思いを集めてみましょう。

★3　あなたのお気に入りの場所はどこですか。そこでは，何が楽しめますか。外国人にしょうかいするつもりになって，書いてみましょう。

I like

We can enjoy

4　Welcome to Japan！　日本を紹介しよう
This is Mr.Otani. He is a baseball player.
有名人を紹介しよう

・目　標：基本的な表現を用いて，他者を紹介することができる。
・準備物：□有名人やキャラクターの資料　□アクティビティ・シート

世界の人に，是非知ってもらいたい日本人やキャラクターなどを取り上げ，紹介することをねらいとします。ここでは他者紹介ですので，can を使って紹介したり，5年生で学習したことを振り返ったりするよい機会とします。

1　導入（15分）

❶ 挨拶を行い，曜日・日付，天気等を確認後，歌を歌う。（5分）

❷ 日本の有名人を紹介する。（10分）

Teacher's Talk　世界に伝えたい日本人やキャラクターなどを紹介します。

T：Look at this comic book. It's "Black Jack". I liked the comic books when I was a junior high school student. I often read this book. It is so interesting and that made me think. Black Jack is an excellent doctor. He is kind to weak people. I liked the stories. Do you know who is the cartoonist？

C：I don't know.

T：He is Tezuka Osamu.（手塚治虫の写真を見せる）He made many comic books, "Hino tori",（火の鳥），"Astro boy", that is 鉄腕アトム ,"Mitsume ga Toru"（三つ目がとおる），… He left many comics. Look at this picture.（大谷翔平選手の写真を見せる）

C：Otani Shohei.

T：Right. He is a good baseball player. He is a nice pitcher. He can run fast. He is a good batter. He is a wonderful player. Now he is a baseball player in the U.S.
　　How about this？（ふなっしーの写真を見せる）This is Funashi. It is a character in Chiba. He can talk. He is funny. He is a pear.

児童に尋ねます。

T：Who is a famous Japanese？ Do you know some famous Japanese people？

C1：Osaka Naomi.

T：Yes！ She is famous all over the world. Tell me about her.

C1：Well…, she can play tennis. She is a good tennis player. She can speak English, but she cannot speak Japanese well.

T：Good. How about you, C2 ?

C2：Hanyu Yuzuru.

T：Wow, tell me about him.

C2：He can skate. He can skate well. He is cool. He is tall. He can speak English well. He is from Tohoku. He is young and hard working.

T：Right.

　児童同士で有名な人を尋ね合います。

T：O.K. Now, ask your friends, "Who is a famous Japanese ?" Stand up. Start.

C1：Who is a famous Japanese ?

C2：Ichiro is famous.

C1：Yes. That's right. He is a famous baseball player.

C2：Who is a famous Japanese ?

C1：Harimoto …, a table tennis player.

C2：Yes, he is an excellent player.

> **＼ ポイント ／**
>
> 　活動後には，どんな有名人が出てきたか尋ねてみると，児童から見た日本の有名人って誰なのかが理解できて面白いかと思います。中には，織田信長や豊臣秀吉，徳川家康等の歴史的人物を武将が好きな子はあげてくるでしょう。

❷ 展開（20分）

❶ 日本のことで紹介したいことを４つ考える。（15分）

　教師の見本を見せます。

　第１時から第３時までの学習内容を想起させ，アクティビティ・シートに，絵を描いたり，写真を貼ったりさせながら，日本を紹介する発表会の下準備を行います。なお，発表日は，別日を設け行います。仕上がりイメージをもたせるために，教師が見本を見せます。

　黒板に４枚の写真（または絵）を貼り，日本のことを紹介してみましょう。

〈板書〉

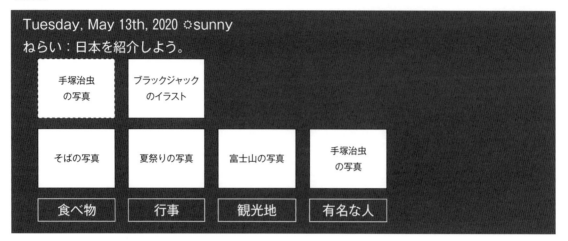

T：Hello. ① This is *soba*. We have many kinds of *soba*. This is *zaru soba*.（ざるそばの写真）We often eat it in a hot season. This is *tsukimi soba*.（月見そばの写真）I like *tsukimi soba*. *Tsukimi* is the "moon." It is like the moon. I love this. We eat *toshikoshi* soba on New Year's Eve.

② Look at this.（夏祭りの写真）This is a Summer Festival. We can see fireworks. We can enjoy eating at festivals. This is *takoyaki*.（たこ焼きの写真）It is delicious.

③ This is Mt.Fuji.（富士山の写真） It is really beautiful. We can see it in many old pictures like *ukiyoe* and also look at this. （ゴッホの作品）This is a picture of a famous painter Gogh. Can you see Mt Fuji？

④（授業の冒頭で使った絵を指し示しながら）This is "Black Jack". It's a famous comic. This is Tezuka Osamu.（手塚治虫の写真を下に移動させる）He made many comics. He made many good stories. Please read them.

アクティビティ・シートに，紹介したいものの絵を４つ描きます。

❷ ペアで伝え合う。（５分）

児童はペアになり，片方が立ち，描いたものを見せながら紹介します。聞いている人は，質問があったら，話の途中でも質問をしていいこととします。２分後，交代しますこれを２〜３回繰り返します。次回の授業では，班で発表し合った後，各班の代表がみんなの前で発表します。

❸ まとめ（５分）

振り返りカードへの記入を行い，学んだことなどを発表させます。

ここがおすすめ！日本をしょうかいしよう

★あなたが日本をしょうかいするとしたら❶～❹で，どんなことをしょうかいしますか。
しょうかいしたいものを絵を描いたり，写真を貼ったりして英語で発表してみましょう。

❶ Food　～日本の食べ物～	❷ Event　～日本の行事～
❸ Places　～観光地～	❹ People / Character　～日本人～

This is my town.　町を紹介しよう！
We have beautiful lakes.　どんな観光地があるの？

・目　標：町にあるおすすめの場所を紹介することができる。
・準備物：□町の観光地の写真など　□アクティビティ・シート

児童が住み育った町のよさを知り，また，町のよさに気付かせることは大切な教育活動のうちの1つです。総合的な学習の時間や，地域教材を用いた学習により，以前に比べ，児童の多くは，自分の住んでいる町についての知識を得，他者に町を説明できるようになってきています。ぜひ総合的な学習の時間とタイアップさせ英語で発信する力を育てていきましょう。

1　導入（15分）

❶ 挨拶を行い，曜日・日付，天気等を確認後，歌を歌う。（5分）

❷ Small Talk で育った町を説明する。（10分）

Teacher's Talk　教師の生まれ育った町について語ります。

T：Hello. I'm from Tokyo. I was born in Higashiyamato City in Tokyo.（地図で見せる）

I went to Higashiyamato daiichi elementary school and I went to Higashiyamato daiichi junior high school. I grew up in Higashiyamato City.

In my city, we have beautiful lakes, Tamako. Tamako is my favorite place.

We have two lakes. Look at this.（写真を見せる）They are very beautiful.

In spring, we can enjoy *hanami* here. We can see many beautiful cherry blossoms.

I went there and enjoyed *hanami* with my family.

That is a good memory.

I liked cycling, so I often went there for cycling.

We have the Shiogama Shrine and a park.（写真を見せる）

I enjoyed playing with my friends after school every day. I liked the park.

We have a Bon Festival at the shrine in August. I enjoyed it too.

What do you have in your town ?

C1：We have Mt. Kinka.

C2：We have Nagara River.

C3：We have Gifu Castle.

T：Yes. You have many good places to visit in Gifu. What do you like about Gifu ?

C1 : I like *Ukai*, cormorant fishing.

T : Right. Do you like eating fish ?

C1 : Yes. I like sweet fish.

T : Nice. O.K. Let's talk about your hometown. Make pairs.

Pair Work　ペアで Small Talk します。

C1 : Hello.	**C2** : Hello.
C1 : In my town, we have Mt Kinka.	**C2** : Yes. We have the Gifu Castle too.
C1 : Yes. Nobunaga lived in Gifu Castle.	**C2** : Very strong.
C1 : What do you like about Gifu ?	**C2** : I like the Media Cosmos.
C1 : Yes. Many books.	**C2** : Do you go to Media Cosmos ?
C1 : Yes. Sometimes. With my mother.	**C2** : Me too. I like reading.
C1 : Do you like *tukemono* steak ?	**C2** : No. Delicious ?
C1 : Ummm, I sometimes eat it.	**C2** : Do you like it ?
C1 : So so.	

\ ポイント /

　児童のもっている知識を出させるためにも，フリートークで住んでいる町には何があるか，どんな特色があるのかを自由に引き出させます。

　振り返ります。

T : O.K. What do you have in your town ?

C1 : We have Mt. Kinka.（金華山の写真を貼る）

C2 : We have Nagara River.（長良川の写真を貼る）

C3 : We have *tsukemono* steak.（漬物ステーキと書く）

2 展開（20分）

❶ 場面設定を行う。（5分）

T : みんなの住んでいる町には，色々なものがあるよね。今，出たものでも，こんなにたくさんあります。（と言って，黒板に貼られた写真などを指さす）
外国人がこの町に来たら，どこをおすすめしますか。
What is your favorite place ? What do you like about Gifu ?

C1 : I like *ukai*, cormorant fishing.

T : Nice. What can you do ?

C1 : We can watch fishing.

T : I want to watch cormorant fishing. How about you ? What do you like ?

C2 : I like the Gifu *daibustu*. It is big.

T : Right. The Gifu *daibutsu* is a good place. O.K. Let's choose four places to visit.

❷ おすすめの場所を尋ね合う。（15分）

アクティビティ・シートを配ります。

T : I'll give an activity sheet. Take one and pass them to your friends.

活動内容を説明します。

T : おすすめしたい名所や場所を4つ選び，書きましょう。

C :（アクティビティ・シートに書く）

Class Work　おすすめの場所と理由を尋ね合います。

T : Now, choose one place. What is the best place to visit ?

　　Choose one. Then ask your friends, "What do you like about Gifu ?

　　I'll give you 3 minutes. Stand up. Let's go !

C1 : Hello.　　　　　　　　　　　　　**C2** : Hello.

C1 : What do you like about Gifu ?　　**C2** : I like Mt. Kinka.

C1 : Me too. Mt. Kinka is nice.　　　　**C2** : Yes. We can see the Gifu Castle.

C1 : Yes. We can see beautiful view too.　**C2** : That's right. Bye !

C1 : Bye.

活動の振り返りを行います。

おすすめの場所で多かったところはどこか尋ねていきます。

Writing　おすすめの場所と，そこで何ができるかをアクティビティ・シート書きます。

❸ まとめ（5分）

振り返りカードへの記入を行い，学んだことなどを発表させます。

アクティビティ・シート　Class（　）　Number（　）　Name（　　　　　　）

町のどこをしょうかいする？

★１　おすすめしたい名所や場所を４つ選び，絵や字でかきましょう。

★２　外国人にどこをおすすめしますか。例にならってあなたの考えを書いてみましょう。

例）We have Mt Kinka.

　　You can see beautiful view.

We have

You can

2　This is my town.　町を紹介しよう！
Sweet potatoes are famous in my town. 特産物は何があるの？

・目　標：町の特産物や有名なものについて伝えることができる。
・準備物：□町の特産物や有名なものの写真など　□アクティビティ・シート

町のよさを伝える時に，その地方での特産物を話題にすることは自然です。ここでのキーワードは，famous（有名な）です。これを使いこなせるようにしましょう。

1　導入（15分）

❶ 挨拶を行い，曜日・日付，天気等を確認後，歌を歌う。（5分）

❷ 教師の生まれ育った町の特産物について Small Talk を行う。（10分）

　Teacher's Talk　教師の故郷（ホームタウン）の有名な物を紹介します。

T：Hello.

C：Hello.

T：Look at this. Do you remember this lake ?　What is the name of it ?

C：Tamako.

T：Good. You remember well. Yes. This is Tamako, Tama lakes. I like Tamako because they are beautiful. I can sit and watch 紅葉 there. So beautiful. I can relax.
　　　Look at this fruit. What's this ?

C：梨。

T：Yes. It's a pear. In my town, pears are famous. They are so sweet and juicy.
　　　I love them. How about this ?　What's this ?

C：Green tea.

T：Yes. My town is famous for green tea too. By the way, what is famous in your town ?

C1：Persimmon.

T：I know that !　I love persimmon of Gifu.

　Pair Work　児童同士で Small Talk をします。

T：O.K. Let's talk about "famous things." Make pairs and move your desks together.

C：（ペアになる）

T：I'll give you one minute. Keep talking, ready go !

振り返ります。

T：O.K. We have many famous things. What is famous ?

C1：*Ayugashi.*

T：*Ayugashi* ?

C1：Yes.

T：What is that ?

C1：It's a cake. *Ayu*-shaped cake.

T：Is it sweet ?

C1：Yes. It's sweet.

2 展開（20分）

❶ 場面設定を行う。（5分）

T：この間は，観光地や名所を外国人におすすめしたいものを出し合ってみました。今日は，もし外国人が，「どんな特産物がありますか」と尋ねてきたら，どんなものを紹介しますか。

What is famous ?

C1：Sweet fish.

T：Oh, sweet fish are famous.

C2：*Ayugashi*

T：*Ayugashi* is....

C2：*Ayugashi* is... famous.

C3：*Edamame* is famous !

❷ 特産物を尋ね合う。（15分）

アクティビティ・シートを配ります。

T：I'll give an activity sheet. Take one and pass them to your friends.

活動内容を説明します。

T：特産物を４つ選び，書きましょう。

C：（アクティビティ・シートに書く）

Pair Work　主な特産物について話し合います。

T：Now, make pairs. Talk about "famous things in Gifu."

I'll give you 1 minute. Let's go !

C1：Hello.

C1：What is famous in Gifu ?

C1：Yes. We have Gifu umbrella.

C1：No. But my grandmother has it.

C1：Persimmon. I like persimmon.

C2：Hello.

C2：Gifu *cho-chin*, paper lantern. It's traditional.

C2：That's right. Do you have a Gifu umbrella ?

C2：What is famous in Gifu ？ Food ?

C2：Yes. Delicious.

活動の振り返りを行います。

どんな特産物があったか共有します。

T：What is famous in Gifu ?

C1：*Edamame* is famous.

C：あああ，それがあったね。

T：How about you ?

C2：Gifu *uchiwa*.

T：Paper fans. They are also famous in Gifu.

C3：やっぱり，Sweet fish.

T：Do you like sweet fish ?

C3：Yes.

> ＼ ポイント ／
>
> 　どんな特産物があるかを共有します。児童から出されたものは，黒板に書いたり，写真をあらかじめ用意しておき，黒板に貼ったりしていき，児童に見える形で示してあげます。すると，児童が気付かなかった特産物があることに気付くことになります。
>
> 　特産物でなくても，もし，有名な人がいたらその人を取り上げてもいいでしょう。

Writing　特産物を英語で2つ書きます。

例）Paper fans are famous in Gifu.

3 まとめ（5分）

振り返りカードへの記入を行い，学んだことなどを発表させます。

どんな特産物があるの？

★１　どんな特産物はありますか？　４つ選び，絵や字でかきましょう。

★２　外国人に特産物をしょうかいするとしたら何をしょうかいしますか。
　　　例にならって書いてみましょう。

　例）Grapes are famous in my town.
　　　My town is famous for green tea.

3

This is my town.　町を紹介しよう！
We have a big park in my town.　町の行事やイベントは？

・目　標：町で開催されている色々な行事を知り，外国人におすすめの行事を紹介する。
・準備物：□町の行事の写真やパンフレットなど　□アクティビティ・シート

地域には地域の独特の行事やイベントがあります。私の住んでいた小鹿野町（埼玉県）には，春と夏に大きなお祭りや，七夕祭り（8月）や鉄砲祭り（12月），また小鹿野ロードレース大会（10月）など，地域の特色を出したイベントが多くのところで開催されています。普段何気なく過ごしている児童に地域の行事についての理解を深めさせましょう。

1　導入（15分）

❶ 挨拶を行い，曜日・日付，天気等を確認後，歌を歌う。（5分）

❷ 教師の生まれ育った地域の行事やイベントを Small Talk で紹介する。（10分）

Teacher's Talk　町のイベントについて話題にします。

T：Hello. Let's talk about our hometown. We talked about famous places, Mt.Kinka, Nagara River, *Ukai* Museum, and Gifu *daibutsu*. Last time, we talked about famous things such as *ayu-gashi*, persimmon, *edamame*, and sweet fish. Today, we are going to talk about "town events."

When I lived in Chichibu, we enjoyed many town events. We have the Spring Festival in April, the Summer festival in July, Star festival in August, and *Teppo*（Gun）Festival in December. We have many events in Chichibu. What events do you have in your town ?

C1：We have *ukai*, cormorant fishing.

T：When is it ? Is it in only in summer ?

C1：いつだっけ？

C2：5月11日から10月15日。

C3：よく知っているな〜〜。

C2：総合でやったじゃん！

T：You know about *ukai* very well. Maybe, many people from all over the world will enjoy *ukai*. What other events do you have ?

C4：Dozan festival.

T：Yes ! When is it ?

C4：In April.

T：I haven't been there. Have you seen Dozan festival ?

C4：Yes.

T：O.K. Today, let's talk about "Events in Gifu."

Pair Work 　児童同士で Small Talk をします。

C1：Hello. 　　　　　　　　　　**C2**：Hello.

C1：What events do you like ? 　**C2**：I like Gifu Nobunaga festival.

C1：Oh, is it fun ? 　　　　　　**C2**：Yes, it's fun.

C1：When is it ? 　　　　　　　**C2**：It is in October.

C1：What can we see ? 　　　　**C2**：Nobunaga.

C1：Yes ! 　　　　　　　　　　**C2**：How about you ?

　　　　　　　　　　　　　　　　　What events do you like ?

C1：*Sengoku Doramachi* EXPO. 　**C2**：What is that ?

C1：We can see *Sengoku jidai*.

　　振り返ります。

T：O.K. What events do you have ? Or what events do you like ?

C1：I like Nobunaga festival. I can enjoy watching Nobunaga.

T：（信長まつりの写真を黒板に貼る） How about you ?

C2：I like Gifu *kichi kokusai*. We can see planes.

T：Oh, do you like airplanes ?

C2：Yes. It's a nice show.

T：When is it ?

C2：I don't know, but in November.

T：I see.

2 展開（20分）

❶ おすすめしたいイベントを尋ね合う。（15分）

アクティビティ・シートに，おすすめのイベントを２つ選びます。

T：Now, you choose two events and write on your activity sheet.

　　And write why do you recommend the events ?

C：（おすすめの行事について書く）

Class Work　友達に尋ねます。

T：Did you write two events ? Let's ask your friends about events.

　　Stand up. Let's go !

C1：Hello.　　　　　　　　　　　　**C2**：Hello.

C1：What events do you have ?　　　**C2**：We have Dozan festival.

C1：Wow, it's cool. Is it fun ?　　　**C2**：Yes. I like Dozan. Do you like Dozan ?

C1：I like Nobunaga.　　　　　　　**C2**：Do you like Nobunaga festival ?

C1：Yes, and I like *Setsubun* festival.　**C2**：Nice. Where ?

C1：Gyoku shoin.　　　　　　　　**C2**：I see. Bye.

　振り返ります。

T：イベントで，どんなものが多かったかな？

C1：*Ukai.*　　　**C2**：Dozan festival.　　　**C3**：Doramachi EXPO.

T：どんな理由だった？

C1：やっぱり，岐阜と言ったら鵜飼でしょう！

C2：戦国武将が道を歩く。お店も出る。

C3：歴史が好き。

❷ おすすめの行事と，そこで楽しめることを書く。（5分）

T：外国人に1か所だけおすすめの行事を紹介するとしたらどこを紹介しますか。紹介したい
　　イベントと，そこで何が楽しめるかも書きましょう。

　例）We have a music festival in November.

　　　We can listen to good music.

❸ まとめ（5分）

　振り返りカードへの記入を行い，学んだことなどを発表させます。

おすすめの行事は？

★１　地域の行事であなたは外国人におすすめしたいイベントは何ですか？　２つ考え，書きましょう。また，その理由も書いてみましょう。

おすすめ　その１	おすすめ　その２
〔理由〕	〔理由〕

★２　クラスのみんなはどこがおすすめなのでしょうか。

（　　　　　　　　　　　　　　　　　　　　　　　　　　　　　）

★３　おすすめの行事と，そこで何ができるか，どんな行事かを外国人に伝える英文を書きましょう。

例）We have a music festival in November.

　　We can listen to good music.

We have

We can

4

This is my town.　町を紹介しよう！
We have no amusement park. I want one.
町に欲しいものを紹介しよう！

・目　　標：町にあるもの，ないもの，欲しいものを英語で伝え合う。
・準備物：□町にある主な建物の写真　□Teacher's Talk で使用する地図　□アクティビティ・シート

児童たちが住んでいる町は，よいところもあると思いますが，足りないものがあったり，あるといいなと思うようなものを思いついたりします。小鹿野町は鉄道がありません。私は町を巡回するモノレールや秩父市と小鹿野町の間にあるミューズパークを双方から結ぶロープウエイがあると，より観光地化されると思います。できたらディズニーリゾートを…。

1 導入（15分）

❶ 挨拶を行い，曜日・日付，天気等を確認後，歌を歌う。（5分）

❷ 日本の有名人を Small Talk で紹介する。（10分）

　Teacher's Talk　教師が住んでいる町についてあるものないもの，欲しいものを紹介します。

T：Look at this map. This is Ogano town. We have many natures in Ogano. I like Ogano town very much. I can breathe fresh air,（深呼吸する）I can walk. Sometimes I can see monkeys, deer, and raccoons. We have many natures in our town.

　　But…, I have no convenient stores near my house. It is 4 km away from my house.

　　I want a convenient store. We have no McDonalds, Starbucks Coffee Shops, no family restaurant, no train stations, no big department stores. I want a supermarket near my house. Do you have a department store ?

C1：Yes. We have AEON.

T：Do you have supermarkets ?

C2：Yes. Valor, GENKY, Kanesue….

T：That's nice. What do you want in your town ?

C3：I want a zoo.

T：Zoo ?　Why ?

C3：I like animals and children like animals. We have a zoo in Aichi.

T：Right. What do you want to see at a zoo ?

C3：I want to see giraffes. I like giraffes.

T：Good !　Make pairs and talk about your town.

Pair Wark　児童同士で Small Talk をします。

C1：Hello.

C2：Hello.

C1：What do you want in our town ?

C2：I want a swimming pool.

C1：Do you like swimming ?

C2：Yes, it's fun. How about you ?

C1：I want a big library.

C2：You like reading ?

C1：Yes. And I want an amusement park.

C2：Good idea.

C1：I like roller coasters. Do you like ?

C2：Yes, but 怖い .

C1：Do you go to swimming class ?

C2：Yes.

C1：When ?

C2：On Fridays.

C1：Are you good at swimming ?

C2：So so.

振り返ります。

T：O.K. What do you want ?

C1：I want a swimming pool.

T：Indoor ? Or outdoor ?

C1：Indoor !

T：O.K.（板書する）How about you ?

C2：I want a zoo.

C3：I want an amusement park.

C4：I want a ski resort.

C5：I want a game arcade.

2 展開（20分）

❶ 町にあるもの，欲しいものを伝え合う。（15分）

アクティビティ・シートに，町にあるもの，欲しいものを書きます。

T：町の様子を表す絵を描きましょう。そして，もし町にあったらいいなあ…と思うものを3つくらい付け足して絵で描いてみましょう。みんなはどんなものが欲しいかな。

C：（町の絵を描く）

> **＼ ポイント ／**
>
> 　机間指導しながら，英語で建物や物の名前を何と言うか与えたり，黒板に書いたりして，共有しておくと，その後のアクティビティで迷わずに活動できるかと思います。

Pair Work　ペアで伝え合います。

T：Now, you have finished ?

C：Yes.

T：O.K. Make pairs.

C：（机を向かい合わせ，ペアになる）

T：Let's talk about your ideal town. 理想の町.

　　　窓側，stand up.

> \ ポイント /
>
> 　発表者を立たせることで，相手に説明するというプレゼンの雰囲気を出すことができます。また，座ったままだと。いい加減になりがちではあるが，立たせると目立つので，誰がどのように話しているのかよく分かり，また，話す役割分担も明確になります。
>
> 　窓側が終わったら，教師の指示で，廊下側の児童を立たせて行わせます。
>
> 　これをペアを変え，数回行い，町に欲しいものを伝えることの定着を目指します。

　振り返ります。

T：What do you want ?

C1：I want a bookstore.

T：You want a bookstore, but you have a big bookstore in AEON.

C1：Yes. I want a bookstore 家の近くに.

T：Oh, near my house.

C1：Near my house.

T：I see. How about you ?

C2：I want a bakery. I like fresh bread.

T：Nice. I can smell for that.

❷ 町に欲しいものを書く。（5分）

T：市長（町長・村長）さんに，町に欲しいものを例にならって提案しましょう。

例）　We don't have an amusement park.

　　　I want an amusement park.

❸ まとめ（5分）

　振り返りカードへの記入を行い，学んだことなどを発表させます。

町にあるもの　欲しいもの

★１　町の様子を表す絵を描きましょう。そこに町にあったらいいものを３つくらい付け
　　　足して絵で描いてみましょう。みんなはどんなものが欲しいですか。

★２　市長（町長・村長）さんに，町に欲しいものを例にならって提案しましょう。

　例）We don't have an amusement park.

　　　I want an amusement park.

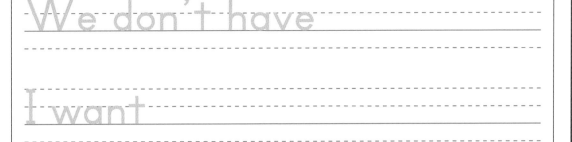

My Summer Vacation !　私の夏休み！
I went to Hokkaido.　北海道に行きました

・目　標：夏休みに行ったところとその感想を言うことができる。
・準備物：□場所や感情を表す語の絵カード　□アクティビティ・シート

夏 休みも終わり，英語の教科書には，過去形を用いた夏休みの思い出を伝え合う題材が登場しているかと思います。小学校では文法を教えることはありませんので，フレーズとして，過去形等の表現に慣れ親しませ，フレーズで表現するようになっています。went to や ate, saw, enjoyed 等の過去形と，It was delicious. などの感情表現を用います。

1 導入（10分）

❶ 挨拶を行い，曜日・日付，天気等を確認後，歌を歌う。（5分）

❷ 場所を表す語を先に入れておく。（5分）

T：Look at this. What's this ?（と言って，山の絵を見せる）　　**C**：Mountain.

T：Yes, it's a mountain. What's this ?（と言って，海の絵を見せる）　　**C**：It's a sea.

T：Yes, it's a sea. What's this ?（と言って，川の絵を見せる）　　**C**：It's a river.

T：Yes, it is a river. What's this ?（と言って，校庭の絵を見せる）　　**C**：Playground !

T：Yes. It's a playground.

＼ ポイント ／
あらかじめ，本時のねらいにせまるために，場所を表す語を提示し触れさせておきます。

2 展開（25分）

❶ 基本表現に気付かせる。（15分）

教師が夏に行ったところと感じたことを紹介します。

T：I went to Osaka this summer. Do you know what I did in Osaka ?

I went to an amusement park.

C：ユニバーサル！

T：Right. I went to Universal Studio Japan. I like roller coasters. It was fun.

児童が夏休みに行ったところを尋ねます。

T：Where did you go ?　　**C1**：Nara.

T：Nara ?　　**C1**：Yes. Grandmother's house.

T：How was it ?　　**C1**：Fun.

T：Wow, nice.

基本表現に気付かせていきます。

T：How about you ? Where did you go ?　　**C2**：Nagasaki.

T：Yes. Nagasaki. So…, I went to….　　**C2**：I went to Nagasaki.

T：Good ! Where did you go in Nagasaki ?　　**C2**：Huis Ten Bosch.

T：I went to….　　**C2**：あっ，I went to Huis Ten Bosch.

T：How was it ?　　**C2**：え ?

T：Was it beautiful ?　　**C2**：Yes.

T：It was….　　**C2**：It was beautiful.

\ ポイント /

教師と児童で話をしながら，少しずつ児童から，I went to…. It was…. という基本表現が出てくるように仕向けていきます。

基本表現を確認します。

T：今，7 人くらいに夏休みに行ったところを尋ねたりしていったけど，先生とか友達はどんな表現使っていたかな？

C：I went to….

T：そうだね。どういう意味？

C：どこかに行ったっていうこと。

T：そうだね。「〜に行きました」って言う時に，I went to ….って言うんだね。
英語でどんな風に書くんだろう？　I は？（と言って黒板に大文字のIを書く）
こう書くね。went は？（と言って，教師が書くのを見えるように黒板に書く）
w-e-n-t. となります。I went to… だから，t-o だね。
I went to という音は，文字にするとこんな風になります。

\ ポイント /

基本的に，文字の導入では，文字が先にあって，文字を読ませるのではなく，「この音を文字にしたらどんな風になるんだろう」と，音に文字を当てはめていくようにします。

〈板書〉

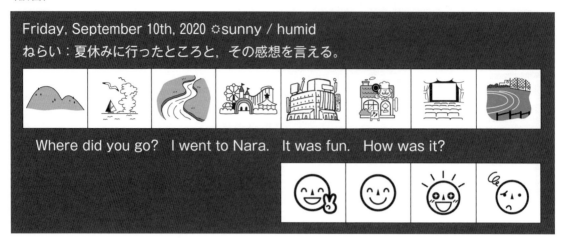

Friday, September 10th, 2020 ☼sunny / humid
ねらい：夏休みに行ったところと，その感想を言える。

Where did you go?　I went to Nara.　It was fun.　How was it?

❷ 友達と夏休みに行ったところを尋ね合う。（10分）

Class Work　友達と夏休みに行ったところを尋ね合います。

T：Now, you ask your friends, "Where did you go？" and talk about your summer vacation. When you hear this sound, "チン", change your partners.

C1：Hello. 　　　　　　　　　**C2**：Hello.

C1：Where did you go？　　　　**C2**：I went to Aichi.

C1：Aichi？　　　　　　　　　**C2**：Yes. I went to Nagoya castle.

C1：Great. How was it？　　　　**C2**：It was big and gorgeous.

> \ ポイント /
> 　自由に立って会話をさせますが，ただ単に行ったところや感想を尋ね合うだけでなく，その話題で会話ができるよう，教師のベルが鳴るまでは会話を続けさせます。およそ40秒でパートナーチェンジを行います。

活動の振り返りを行います。
夏休みに行ったところを尋ね，活動後評価します。

Writing　アクティビティ・シートを配り，夏休みに行ったところをその感想を書かせます。

❸ まとめ（5分）

振り返りカードへの記入を行い，学んだことなどを発表させます。

夏休みはどこに行った？

★１　夏はどんなところに出かけましたか？

【場所】

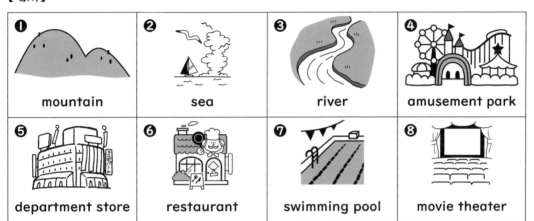

❶ mountain	❷ sea	❸ river	❹ amusement park
❺ department store	❻ restaurant	❼ swimming pool	❽ movie theater

【場所の感想】It was ....　　　　　　　　　　　　　　　【あなたの感想】I was ....

❾ fun（楽しい）	❿ exciting（ワクワクする）	⓫ boring（たいくつな）	⓬ happy（しあわせ）

★２　夏休みに行ったところと，感じたことを，例にならって書いてみましょう。

　例）I went to Nagasaki.

　　　It was fun.

2 My Summer Vacation !　私の夏休み !
I ate seafood.　シーフードを食べました

・目　標：食べたものとその感想を伝えることができる。
・準備物：□絵カード（食べ物等）　□アクティビティ・シート

いよいよ，夏休みに行ったところで何をしたかを伝える学習になります。今回は，「食べたもの」になります。基本表現は，I ate…. とその感想，It was delicious. 等の表現を学習します。

1 導入（10分）

❶ 挨拶を行い，曜日・日付，天気等を確認後，歌を歌う。（5分）

❷ 食べものを表す語を提示する。（5分）

T：What's this ?（と言って，シーフードの絵を見せる）

C：Seafood.

T：Yes, it's a seafood. What's this ?（と言って，かき氷の絵を見せる）

C：…. ?

T：It's a shaved ice. What's this ?（と言って，スイカの絵を見せる）

C：It's a watermelon.

2 展開（25分）

❶　基本表現に気付かせる。（10分）

　教師が夏に食べたものと，感想を言います。

T：I went to Universal Studio Japan. It was fun.

　　　I ate a big hamburger.　（絵を見せる）

　　　It was so delicious.　（美味しそうにしている絵カードを見せ，表情で伝える）

　　　I was full.　（と言って，お腹をさする）

　児童が夏休みに行ったところや食べたもの，その感想を尋ねます。

T：Where did you go ?

C1：I went to Okinawa.

T：Wow !　That's nice. What did you eat ?

C1：ゴーヤチャンプル。

T：Yes！ ゴーヤチャンプル is famous in Okinawa. How was it ?

C1：苦いけど，美味しかった。

T：It was bitter, but it was delicious.

　　基本表現に気付かせていきます。

T：How about you ? Where did you go ?	**C2**：I went to Tokyo.
T：Nice. What did you eat ?	**C2**：Popcorn.
T：Popcorn ?	**C2**：Yes. I went to the movie theater.
T：Oh, what did you watch ?	**C2**：名探偵 Conan.
T：Wow, I like that. How was it ?	**C2**：面白かった。
T：It was fun.	**C2**：It was fun.
T：How was popcorn ?	**C2**：しょっぱかった。
T：It was salty.	**C2**：It was salty.

　　基本表現を確認します。

T：今，先生，どんな質問をしてたかな？

C：何食べた？

T：そう。「何食べた？」って，英語で何て聞いていた？

C：What you eat！

T：What you eat ?

C：What did you eat ?

T：そうだね。What did you eat ? みんなも言ってみましょう。What did you eat ?

C：What did you eat ?

T：What…（単語を書く），did you はこう書きます。（did you と書く）eat… 最後にクエスチョンマーク。What did you eat ? となります。
　　　じゃ，私は，「ポップコーンを食べました」は？

C：I ate popcorn.

T：Yes. I … ate… popcorn.（黒板に書く）
　　　では，「おいしかった」っていう時は，何て言う？

C：It was delicious.

T：Good. It… was… delicious.（と言いながら書く）

〈板書〉

Tuesday, September 14th, 2020 ☂ rainy / cool
ねらい：夏休みに食べたものと，その感想を言える。

What did you eat?　I ate popcorn.　It was delicious.　I was happy.

❷ **友達と夏休みに食べたものを尋ね合う。（15分）**

Class Work　友達と夏休みに食べたものを尋ね合います。

T：Now, you ask your friends, "What did you eat？" and talk about your summer vacation. When you hear this sound, "チン", change your partners.

C1：Hello.

C2：Hello.

C1：Where did you go？

C2：I went to Chiba.

C1：Chiba？

C2：Yes. I went to my grandmother's house.

C1：Great. What did you eat？

C2：I ate seafood.

C1：How was it？

C2：It was delicious. I was full.

＼ ポイント ／
　およそ40秒でベルを鳴らし，パートナーチェンジを行います。教師のベルが鳴るまでは会話を続けさせます。

　振り返りをし，児童がどの程度本時の学習を理解しているか確認します。

Writing　アクティビティ・シートを配り，夏休みに食べたものの感想を書かせます。

❸ まとめ（5分）

　振り返りカードへの記入を行い，学んだことなどを発表させます。

夏休みは何を食べた？

★1　夏に何を食べましたか？

【食べたもの】

| ❶ seafood | ❷ *ramen* | ❸ curry and rice | ❹ shaved ice |
| ❺ sushi | ❻ watermelon | ❼ shrimp | ❽ *yakitori* |

【食べ物の様子】　It was ....　　　　　　【あなたの感想】　I was ....

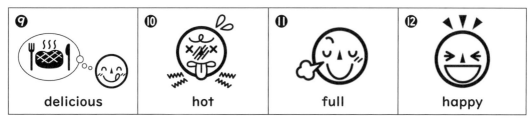

| ❾ delicious | ❿ hot | ⓫ full | ⓬ happy |

★2　夏休みに食べたものと感想を，例にならって書いてみましょう。

　例）I ate a hamburger steak.

　　　It was delicious.

3 My Summer Vacation！　私の夏休み！
I saw the Clock Tower.　時計台を見ました

・目　標：夏休みに見たものやその感想を伝え合うことができる。

・準備物：□絵カード　□教師の夏休みを説明する写真　□アクティビティ・シート

夏休みに出かけて，見たものを伝え，その感想も併せて言うことをねらいとして，本時の学習を行います。基本表現としては，I saw.…（～を見ました），It was big.（大きかったです）のような表現を扱います。

1 導入（10分）

❶ 挨拶を行い，曜日・日付，天気等を確認後，歌を歌う。（5分）

❷ 夏休みに見そうな物の語彙を提示する。（5分）

T：What's this？（と言って，イルカがジャンプしている絵を見せる）

C：Dolphin.

T：Yes. What's this？（と言って，花火の絵を見せる）

C：…？

T：It's "fireworks". What's this？（と言って，ホタルの絵を見せる）

C：ホタル。

T：Yes. It's a firefly. What's this？（と言って，お城の絵を見せる）

C：It's a castle.

2 展開（25分）

❶ 基本表現に気付かせる。（10分）

教師が夏に見たものと，感想を言います。

T：This summer, I went to Aomori.

I ate seafood, corn and I had apple juice.（写真を見せる）

The corn was so sweet and delicious.（美味しそうな様子を表情で伝える）

It is *dake kimi*. *Dake kimi* is famous in Dake *kogen* in Horosaki. I like it.

I saw a mountain.　（岩木山の写真を見せる）

It is Mt. Iwaki. It was beautiful.

I saw Neputa Festival too. （ねぷた祭りの写真を見せる）

It was exciting. I ate shaved ice there.

児童が夏休みに見たものと，その感想を尋ねます。

T：C1, you went to Chiba, right ?　　　　　**C1**：Yes.

T：What did you see ?　　　　　**C1**：Sea.

　　（笑い：見る see と海の sea が重なって）

T：See…, oh, the sea. You saw the sea in Chiba. I see.　　**C1**：（笑）.

T：How was it ?　　　　　**C1**：砂が熱かった。

T：砂って，何て言う？　　　　　**C**：Sand.

T：Yes. Sand.　　　　　**C1**：Sand was hot.

基本表現に気付かせていきます。

T：Where did you go this summer ?　　**C2**：I went to Tokyo Disneyland.

T：Wow, great ! I want to go there !

T：How was it ?　　　　　**C2**：It was interesting.

T：What did you eat ?　　　　　**C2**：I ate spaghetti.

　　Wow, I love spaghetti.

T：What did you see ?　　　　　**C2**：Minnie Mouse.

T：I saw Minnie Mouse.　　　　**C2**：I saw Minnie Mouse.

T：How was it ?　　　　　**C2**：It was… cute.

基本表現を確認します。

T：今日は，夏休みにどこかに行って見たものを伝え合いましょう。何でも構いませんのでどんなものを見たかな？

T：花火，見た人？（**C**：手をあげる）

T：「花火見た」って何て言う？（**C**：I saw fire???）

T：I saw … fireworks.（**C**：I saw fireworks.）

T：I saw って，こう書きます。（黒板に書く）「何見た？」っていうのは，何て言う？
　　この間は，「何食べた」というのを What did you eat ?（黒板に書く）と言ったけど，「何見た？」は，何て言うんだろう？

C1：What did you see ?

T：Yes. What did you see ? eat のところが，see に変わるだけだね。

〈板書〉

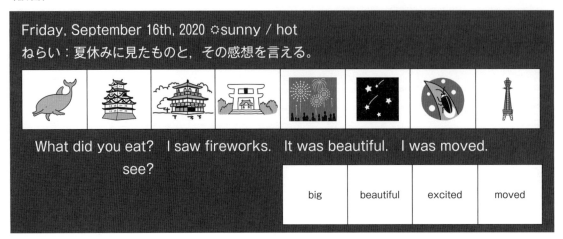

Friday, September 16th, 2020 ☼sunny / hot
ねらい：夏休みに見たものと，その感想を言える。

What did you eat?　I saw fireworks.　It was beautiful.　I was moved.
see?

| big | beautiful | excited | moved |

❷ **友達と夏休みに見たものを尋ね合う。（15分）**

Class Work　友達と夏休みに見たものを尋ね合います。

T：Now, talk about your summer vacation and ask "What did you see？"
When you hear this sound, "チン", change your partners.

C1：Hello.　　　　　　　　　　**C2**：Hello.

C1：Where did you go？　　　　　**C2**：I went to Yamanashi.

C1：What did you see？　　　　　**C2**：I saw Mt. Fuji.

C1：How was it？　　　　　　　**C2**：It was beautiful. Were did you go？

C1：I went to Hokkaido.　　　　　**C2**：What did you see？

C1：I saw the Clock Tower. 時計台　**C2**：Wow, nice. How was it？

C1：It was interesting.

振り返りを行い，学習状況の理解を確認します。

Writing　アクティビティ・シートを配り，夏休みに見たものと感想を書かせます。

例）I saw a big shell.
It was beautiful.

❸ **まとめ（5分）**

振り返りカードへの記入を行い，学んだことなどを発表させます。

夏休みは何を見た？

★１　夏休みにお出かけをして，そこで見たものは何ですか？

【見たもの】

【ものの様子】　It was ....　　　　　【あなたの感想】　I was ....

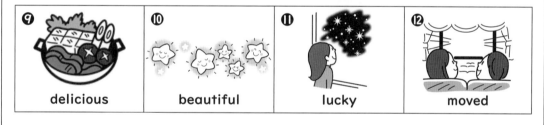

★２　夏休みに見たものと感想を，例にならって書いてみましょう。

例）I saw a big shell.

It was beautiful.

4 My Summer Vacation !　私の夏休み !
I enjoyed *onsen* in Noboribetsu.　温泉を楽しみました

・目　標：夏休みに出かけてそこで楽しんだものを尋ねたり答えたりすることができる。
・準備物：□ Teacher's Talk で使う写真　□海外からの手紙　□アクティビティ・シート

夏 休みの出来事では，①行ったところ（I went to ....），②食べたもの（I ate ....），③見たもの（I saw ....），そして，④楽しんだこと（I enjoyed ....）の4つの表現，そして，それぞれの感想表現を入れながら，伝え合いをさせるといいです。最後は，グループでの発表会にもっていってもいいでしょう。

1 導入（10分）

❶ 挨拶を行い，曜日・日付，天気等を確認後，歌を歌う。（5分）

❷ 語彙を導入する。（2分）

T：What's this ?（と言って，キャンプの絵を見せる）
C：Camp !
T：Ummm, camping.
C：Camping.
T：What's this ?（と言って，魚釣りの絵を見せる）
C：Fishing !
T：How about this ? What's this ?（と言って，水泳の絵を見せる）
C：Swimming.
T：Did you enjoy swimming this summer ?

❸ 夏休みに楽しんだことについて話す。（3分）

　Teacher's Talk　教師が夏休みにしたことを語ります。

T：Hello. I want to show you two pictures. One is this. I went to Universal Studio this summer.（写真1）I like roller coasters very much. I enjoyed roller coasters.
　　Look at this picture. I went to Mt. Fuji.（写真2）
　　I enjoyed barbeque and I enjoyed fishing on the boat.
　　What did you enjoy this summer ?
C1：I enjoyed camping.

T : Oh, where did you go camping ?

C1 : Nagano.

T : Nice. How was the camp ?

C1 : It was good.

T : Nice. How about you ?　 What did you enjoy ?

\ ポイント /

　Teacher's Talk でできるだけ多くの I enjoyed... の言い方を聞かせておき，その後，児童に What did you enjoy this summer？と尋ねていきます。

②展開（25分）

❶ オーストラリアの小学生からの手紙を読む。（7分）

　手紙を読みます。

T : Today, I have a letter from Australia. I want to read it, so please listen.

Hello, class. I'm Jessica. I live in Canberra, Australia.

It is winter now. We can see snow here. We can play with snow.

Look ! This is a snowman. I made this with my friends.

Is it summer in Japan ?

How did you spend your summer ?

　どんなことが書かれていたか確認します。

T : オーストラリアの季節は？

C : 冬。

T : どんな風に過ごしているって？

C : 雪だるまを作ったり，雪で遊んだりしている。

T : Good. 手紙を書いた人の名前は？

C : ジェ… 何とかって言っていた。

T : Jessica. ジェシカは，最後にみんなにどんなことを頼んでいたかな。

C : 夏休みについて教えて。

T : よく聞いていたね。「みんながどんな風に夏を過ごしたか教えて」って言っています。

　　今日は，今までに習ってきた表現を思い出して，夏をどんな風に過ごしたか英語で伝える ことができるようにしましょう。

❷ 夏休みの思い出を絵に表し，グループ内で発表する。（18分）

アクティビティ・シートに，夏休みの思い出を4枚の絵で描きます。

Pair Work ペアで伝え合います。

T：Make pairs. 廊下側，stand up. First, you talk about your summer vacation.

窓側，Listen and do some reaction, or ask questions.

I'll give you one minute. Let's start.

C1：Hello.	**C2**：Hello.
C1：I went to Okinawa this summer.	**C2**：Wow, nice.
C1：I saw a very beautiful sea. It was great.	
I ate seafood.	
It was delicious.	**C2**：You swim ?
C1：Yes, I enjoyed swimming.	
It was so fun.	**C2**：Nice.

T：O.K. Time is up. Change roles. 窓側，stand up. Let's start.

活動の振り返りを行います。

T：発表を振り返りましょう。どんな話だったか，また，「こんなことも言いたかった」っていうことあったら，今度言えるように先生や友達に聞きましょう。

Group Work 4人組で夏休みの思い出を発表します。

T：Make a group of four.

C：（児童は4人組になる）

T：Do *janken*. Loser, stand up.

C：（ジャンケンに負けた人は立つ）

T：今立っている人からスタートします。書いた紙を見せながら発表する時，どんなことに気を付けなくてはいけないんだっけ？

C：しっかり紙を見せる。

❸ まとめ（5分）

振り返りカードへの記入を行い，学んだことなどを発表させます。

夏休みは何を楽しんだ？

❶行ったところ	❷食べたもの

❸見たもの	❹楽しんだこと

自己評価 4 できた 3 どちらかというとできた 2 どちらかというとできない 1 できない

①夏休みの思い出を基本的な表現を使って言うことができましたか。 4 3 2 1

②友達と伝え合って，知ったことや分かったこと，思ったことを書きましょう。

This is my school. これが私の学校！
We have 250 students in this school.
児童は250人います

・目　標：学校に児童が何人いるかを伝えることができる。
・準備物：□クリケットの写真または動画　□アクティビティ・シート

基本的な表現を使って，学校や学校生活について紹介します。場面としては，「海外の小学生に自分の学校について紹介する」とし，状況として，相手は日本の学校生活について何も知らない子ども達とします。児童数やクラブ活動，学んでいる教科，先生など，既習事項を活用しながらの言語活動になります。

1 導入（10分）

❶ 挨拶を行い，曜日・日付，天気等を確認後，歌を歌う。（5分）

❷ オーストラリアから手紙が届きました。（5分）

教師が手紙を読み上げます。

T：Hi, class. I have good news. I've got a letter from Australia again！ Let's read it.

Hello. Good Day, mate.

I'm Jessica from Australia.

Now, it is spring in Australia. What season is it in Japan？

Look at the pictures. This my school. We have 155 students and 15 teachers.

We are very friendly. How many students do you have in your school？

I like cricket. I join the cricket team at school. I play it on Wednesdays and Fridays.

What sports do you like？

Talk you later. Bye！

\ ポイント /

海外と交流をしている小学校も増えてきています。できれば，本物を見せて学校生活のやり取りをさせたいです。メールなら瞬時に交換できます。スカイプを利用すれば，交流している相手にも，会わすこともできます。英語を身近に感じさせる手段となるでしょう。

❶ 海外の学校生活を知る。（8分）

アクティビティ・シートを配付します。

Pair Work どんなことが書いてあるか読むよう指示します。

T：ペアになって，どんなことが書いてあるか，読んでみよう。
　　Make pairs.

C：（児童は机を向かい合わせペアになる）

> **＼ ポイント ／**
>
> 　高学年では，「音声で十分に慣れ親しんだ簡単な語句や基本的な表現を読んだり，書いたりする」ということを行います。導入部で教師が読み聞かせをしながら，慣れ親しみまではいかずとも，音声優先で行います。読むという活動はあまり行う機会はありませんので，時には，変化をつけ，読ませてみるのもよいでしょう。

要点を捉えさせます。

次のような内容を読み取れたか児童に質問しながら確認します。

> ①オーストラリアの季節は何？　（春：spring）
> ②児童数と教員数。（児童数：155名，教員数：15名）
> ③ジェシカのするスポーツと何曜日にやるか。（クリケット，金曜日）

　クリケットについては，名前は聞いたことがあっても，よく知らないと思うので，動画や写真などを見せ，イギリスやオーストラリアでよく行われる少し野球に似たスポーツであることを教えます。

❷ ジェシカからの質問に答える。（10分）

ジェシカの質問内容を理解させます。

T：ジェシカの手紙で3つ質問しているけど，みんなにどんな質問している？

C1：日本は，季節はいつですか。

C2：児童数は何人？

C3：どんなスポーツをするか。

T：Good.

Part 5

季節を答えます。

T：Now, what season is it in Australia？（**C**：Spring！）

T：What season is it in Japan？（**C**：秋！）

T：What do you say " 秋 " in English？（**C1**：Autumn.）

T：Yes. 秋 is autumn or fall.（板書する）In England or Australia, they use "autumn."
　　In the U.S. or Canada, they use "fall".

児童数を答えます。

T：（児童の学校の校舎の写真を見せて）This is ○○ elementary school.
　　We have many good students！ How many students do you have？

C：え？何人だろう？

T：How many students？　（**C1**：300.）

T：More than 300.（と言って，黒板に↑300と書く）（**C**：え〜〜. **C2**：400.）

T：400？ Less than 400.（と言って，↓400と書く）（**C3**：350.）

> \ ポイント /
> 　このように，数字を確認していく場合，More than.../ Less than... などを使って，児童に当
> てさせていくやり方もあります。

アクティビティ・シート（★2）を行います。

薄い文字を丁寧になぞらせ，空白のところは，適当な語や数字を書かせます。

❸ 日本の学校についてどんなことを伝えたらいいか考える。（7分）

T：もし外国の子ども達に，みんなの学校を紹介するとしたら，どんなことを紹介する？
　　箇条書きで書いてみましょう。どんなことを紹介するといいかな？　アクティビティ・シ
　　ート★3に書きましょう。

約5分後，児童に発表させます。

3 まとめ（5分）

振り返りカードへの記入を行い，学んだことなどを発表させます。

アクティビティ・シート　Class（　）　Number（　）　Name（　　　　　　　）

日本の学校について教えてあげよう！

★1　オーストラリアの Jessica（ジェシカ）から，手紙が届きました。読んでみましょう。

Hello. I'm Jessica from Australia. It is spring in Australia.

What season is it in Japan?

This is my school. We have 155 students and 15 teachers.

We are very friendly.

How many students do you have in your school?

I like cricket.　I join the cricket team at school.

I play it on Wednesdays and Fridays.

What sports do you like?

Talk you later. Bye!

★2　ジェシカの3つの質問に答えましょう。

❶季節

It is

❷児童数

We have

❸好きなスポーツ

I play

★3　あなたの学校をしょうかいするとしたら，どんなことをしょうかいしますか。例に
　　ならってかじょう書きで書きましょう。　　例）・児童数　・先生の数

（　　　　　　　　　　　　　　　　　　　　　　　　　　　　　　　　　　　）

2 This is my school. これが私の学校！
I join the dodgeball team.
私はドッジボールクラブに入っています

・目　標：入っている部活動について伝えることができる。
・準備物：□クラブの絵カード　□Teacher's Talk に使う写真　□アクティビティ・シート

前 時の授業で，児童から「どんなことを紹介したらいいか」のアイデアの中から選び，本時の授業を組んでいきます。児童からは，①クラブ活動，②学校行事，③授業，④飼っている動物，⑤先生，⑥自慢できること，⑦休み時間にすること，⑧給食などが出ているでしょう。今回は，児童も興味のあるクラブ活動について伝えることとします。

1 導入（15分）

❶ 挨拶を行い，曜日・日付，天気等を確認後，歌を歌う。（5分）

❷ Small Talk でクラブ活動について話す。（10分）

Teacher's Talk 教師の小・中・高の頃の写真を見せ，クラブについて語ります。

T：Look at this picture. It is a picture of me. Where am I ?

C：（指を指す）

T：This is me. This is a picture when I was in a 6th grade at elementary school.

　　I was in the track and field club.

　　Look ! This is me when I joined the 100 meters race. I was in the second place.

C：Wow.

T：Look at the next photo. This is me when I was a junior high school student.

　　I was on the soccer team. I played soccer.

T：Look. I was on the soccer team in high school, too. I was a soccer player.

　　I was a middle fielder.

　児童に質問します。

T：What club are you in ?

C1：Dodgeball.

T：You are on the dodgeball team. (**C1**：Yes.) How is it ?

C1：It's fun. I like it.

T：Good. How many members ? (**C1**：20 ?) 20 members ?

Who are your teachers ?

C1：Ms. Yamada and Mr. Takahashi.

T：Wow, it looks fun. Thank you. How about you, C2 ? What club are you in ?

C2：…………

Pair Work　ペアでクラブ活動について Small Talk で話をします。

T：Now, make pairs.

C：（ペアになり，机を向かい合わせる）

T：Let's talk about your club activities.

C1：Hello.	**C2**：Hello.
C1：How are you ?	**C2**：I'm good. How are you ?
C1：I'm great. What club are you in ?	**C2**：Soccer team.
C1：How is it ?	**C2**：It's interesting.
C1：How many members ?	**C2**：32 members.
C1：Wow, so many.	**C2**：What club are you in ?
C1：Basketball team.	**C2**：Do you like basketball ?
C1：Yes. I like basketball.	

②展開（20分）

❶ クラブについて伝え合う。（5分）

学校にどんなクラブがあるか尋ねます。

T：In this school, what team do you have ?

C：…. ?

T：You have a dodgeball team.（と言ってドッジボールの絵カードを貼る）

C1：Basketball team.

T：Yes. You have a basketball team.（バスケットボールの絵カードを貼る）

C2：Cooking club.

T：Yes. I like cooking !（料理部の絵カードを貼る）

　このように児童からどんなクラブが学校にはあるのかを引き出しながら，黒板に絵カードを貼っていきます。

　基本的に運動系のクラブは英語では team を使い，文化系は club を使います。

〈板書〉

Tuesday, November 10th, 2020 ☼sunny / cool
ねらい：入っているクラブについて伝え合おう。
↓　クラブの絵カードを貼る。

What club are you in?
How is it?
How many members?
Who is your teacher?

❷ **クラブについて尋ねたり，感想を尋ねたりします。（5分）**

T：I am in the science club. What club are you in ?

C1：Softball team.

T：You are on the softball team. How is it ?

C1：Interesting.

T：How many members do you have ?

C1：We have 32 members.

T：32 ? So many. I have 22 members in the science club.
　　I am in the science club. What club are you in ?

C2：I am in the music club.

T：Oh, you are in the music club.

❸ **基本表現に気付かせた後，ペアワークやライティングで慣れ親しませ，習熟させる。（10分）**

T：「私は～クラブに入っています」って，何て言う？

C：I am in the … club. ／ I am on the … team.

Pair Work　友達とクラブについて，尋ね合います。

Writing　アクティビティ・シートを配り，クラブ活動について書かせます。

❸ まとめ（5分）

振り返りカードへの記入を行い，学んだことなどを発表させます。

何クラブに入っているの？

❶ softball	❷ soccer	❸ basketball	❹ dodgeball
❺ table tennis	❻ badminton	❼ computer	❽ *shogi*
❾ cooking	❿ science	⓫ arts and crafts	⓬ music

★あなたが入っているクラブ活動について，例にならって書いてみましょう。

例）I am in the music club. I am on the soccer team.
　　It is fun.

I am

3 This is my school.　これが私の学校！
This is my homeroom teacher.　この人が私の先生です

・目　標：学校の先生について紹介する文を3文程度で書く。
・準備物：□先生方の写真　□アクティビティ・シート

既習事項を用いて学校を紹介しましょう。話材に，今回は学校の先生を紹介しながら，kind, strict, funny, gentle などの人柄を表す語や，can を用いてできることを紹介させます。今まで学習した英語を用いて伝え合うことができることを体験させましょう。もし，児童から，三人称単数現在の likes などの言い方が出てきた時には，慣れ親しみをねらいとし，教えてしまいましょう。

1 導入（15分）

❶ 挨拶を行い，曜日・日付，天気等を確認後，歌を歌う。（5分）

❷ 3ヒント・クイズで，先生を紹介する。（10分）

　アクティビティ・シートを配ります。

　3ヒント・クイズを行います。

T：I'll give you 3 hint quiz. Listen and answer my quiz.

　　No.1. This is a teacher. He can run fast.

C：誰だ？

T：Guess and write your answer. Five, four, three, two…, one…

　　（と言って，時間をあまりかけないようにする）

T：Hint 2. He is very tall. He can play basketball well.

C：あ〜〜〜。

T：Hint 3. He is good at drawing pictures.

C：やっぱりね。

T：O.K., the answer？ Who is this teacher？

C：Mr. Yoshioka！

T：That's right. ヒント1で当たった人？

C：（手をあげる）

T：10点。ヒント2で当たった人？

C：（手をあげる）

T：5点。ヒント3？

C：（手をあげる）

T：3点。当たらなかった人？

C：マイナス1点。

> \ ポイント /
> このように，早いヒントで当たった方が得点を高くするようにしておきます。

〈板書〉

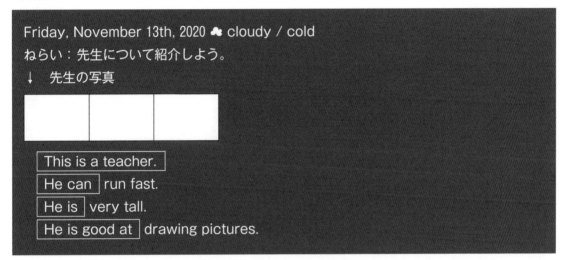

2 展開（20分）

❶ 学校の先生について伝え合う。（10分）

先生の写真を見せ，児童から紹介する英語を引き出します。

T：Who is this ?（と言って，学校の先生の写真の一部，目の部分を見せる）

C：He is Mr. Tanaka !

T：Yes. Good.（と言って，全容を見せ，写真を黒板に貼る）
　　　Tell me about Mr. Tanaka.

C1：He is funny.

C2：He can play soccer well.

C3：He is good at dancing.

C4：He *like natto.

T：Really ? He likes natto ?

C4：Yes. Very much.

T：I like *natto*, too. O.K. Who is this？（と言って，先生の写真の一部，目の部分を見せる）

C5：She is Ms. Yamada.

T：Yes.（と言って，全容を見せ，写真を黒板に貼る）

Tell me about Ms. Yamada.

\ ポイント /
３人ほどの先生を登場させ，既習事項を想起させ，紹介する表現を児童から引き出します。

先生当てクイズのやり方を説明します。

T：誰か紹介したい先生を１人決めてください。

C：（紹介する人を決めて，アクティビティ・シート★2に書く）

T：今から，友達にその先生を紹介し，頑張って当ててもらってください。ジャンケンして，勝った人から，先生を紹介しましょう。Demonstration！ Any challengers？

C1：Yes.

T：Thank you. Rock, scissors, paper, one, two, three. I win.

This is a teacher. She is young. She can play volleyball. She is good at piano.

C1：Ms. ○○.

T：That's right. Change roles.

C1：This is a teacher. He is tall. He can play baseball. He is good at English.

T：Oh, Mr. James！

C1：That's right！

Class Work　友達と先生当てを行います。

児童は，自由に立って，友達に先生を紹介し，当ててもらう活動をします。

約５分後，席に着かせます。

活動の振り返りを行います。

数名に指名し，先生について紹介してもらい，達成度を確認します。

❷ 学校の先生について３文で紹介する文を書く。（10分）

3 まとめ（5分）

振り返りカードへの記入を行い，学んだことなどを発表させます。

学校の先生をしょうかいしよう！

★１　３ヒント・クイズに答えましょう！

	No.１	No.2	No.3
Hint１（10点）			
Hint２（5点）			
Hint３（3点）			

★２　学校の先生の中から１人を選び，その先生をしょうかいする文を言って，友達に当ててもらいましょう。

しょうかいする先生（　　　　　　　　　　　　）

★３　先生を３文で，しょうかいしましょう。１文目は，ていねいになぞりましょう。もっと書ける場合は，４文目にちょう戦しましょう。

This is a teacher.

Part 5

4

This is my school.　これが私の学校！
We have school lunch.　海外の学校と比べてみよう

・目　標：日本の学校生活について伝えることができる。
・準備物：□学校生活の写真（給食・教科書）　□アクティビティ・シート

日本の学校で通常行われていることが，海外では行われていないということは多々あります。日本では掃除をしますが，外国によっては，児童に掃除をさせないところもあります。給食もなく，お弁当を持ってくるところもあります。昼寝をする時間のある学校もあります。そんな海外の学校について，日本と比較しながら，表現を学びます。

1 導入（15分）

❶ 挨拶を行い，曜日・日付，天気等を確認後，歌を歌う。（5分）

❷ オーストラリア・クイズを出す。（10分）

アクティビティ・シートを配ります。

T：I have good news today. I got a letter from Jessica. Today she gives you a quiz.
　　 It's an Australian Quiz.

スクリーンで写真などを見せながら，視覚情報を用いてクイズを出していきます。

T：Look.（給食の写真をスクリーンで見せる）We have school lunch.
　　 Now, Question No.1. We don't have a school lunch in Australia.
　　 We don't have school lunch in Australia. True or false.
　　 True is ○, false is ×.（板書する）

C：オーストラリアには，給食がない？

T：Yes. True or false. Write ✓ on your activity sheet.

T：O.K. No.2. What are these？（と言って，教科書の写真を見せる）

C：Textbook.

T：Yes. Textbooks. We have textbooks. What's this？

C：Math textbook.

T：Right. What's this？

C：Science textbook.

T：Yes. We have textbooks. Australian Quiz No.2. We don't have textbooks in Australia.

C：え～，教科書がなかったら，勉強できないじゃん！

T：Write ✓ on your sheet.

> \ ポイント /
>
> 　このように日本の学校生活を写真などで見せることで，日本では当然行われているけど，オーストラリアではどうなんだろうと思わせ，関心を寄せるようにします。答えは下記になります。ただ学校や州によって異なりますので，一様にその通りとは限りません。学校はだいたい9時頃始まって，3時には終わります。午前中にモーニングティータイムや，アフタヌーンティータイムがある学校もあるそうです。

〈Australian Quiz〉

	True	False
①We don't have a school lunch.	✓	
②We don't have textbooks.	✓	
③We don't have homework.	✓	
④School starts at 8:30.		✓
⑤School finishes at 4:30.		✓
⑥We have school uniforms.		✓
⑦We have gym clothes.		✓
⑧We don't have cleaning time.	✓	
⑨We don't have indoor shoes.	✓	
⑩We have tea time in the morning and afternoon.	✓	

　答え合わせをします。

②展開（20分）

❶ 日本の学校生活クイズを作る。（15分）

　アクティビティ・シート（★2）に，日本の学校クイズを作ります。

　時間を7分くらいとり，分らない児童は教師に質問したり，友達に尋ねたりさせます。

T：もし，みんなが，オーストラリアの小学6年生に，日本の学校生活のクイズを作るとしたら，どんな問題作る？　★2に，1人1つ考えて書いてみよう。

　4人班を作らせます。

T：Make a group of 4.

C：（児童は4人班になる）

Part 5

●━━━クイズ━━━━━━━━━━━━━━━━━━━━━━━━━━━●

T：今，作ったクイズを4人で，出し合って，班で2つ，クイズを選んだり，新たに作ったり
　してみてください。時間は7分間です。

　Group Work　各班が考えたクイズを発表します。
　　　T：じゃ，オーストラリアの小学生に Japanese School Quiz を送りましょう。
　　　　クイズを10個，みんなで選びたいと思います。ここの班からクイズを言ってくだ
　　　　さい。
　　　　先生が黒板に書いていきます。
Group 1：We have a school lunch.
　　　T：We have a school lunch.（黒板に書く）
Group 1：We study English and Korean.
　　　T：お〜，考えたね。（黒板に書く）O.K. Group 2.
Group 2：We don't have homework.
　　　T：（黒板に書く）
Group 2：School starts at 10 a.m.
　　　T：なかなかいいね。（黒板に書く）

　黒板に出されたクイズを10個選びます。

例）①We have school uniforms.　②We have school lunch.　③We go to school by car.
　④We don't have homework.　⑤We can drink juice.　⑥We eat sushi at lunch.
　⑦We study English and Korean.　⑧We clean our rooms.
　⑨We have play time in the morning.　⑩We have a homeroom teacher.

❷ クイズを声に出して読んでみる。（5分）
黒板に出されたクイズをみんなで声に出して読ませます。

＼ ポイント ／
　可能であれば，ビデオレターを作り，実際に児童が問題を出すような活動に仕組めるといいです。
英語を使う本当の場面をできるだけ児童には体験させたいです。

❸ まとめ（5分）

振り返りカードへの記入を行い，学んだことなどを発表させます。

オーストラリア・クイズにちょう戦！

★１　オーストラリアのジェシカから，手紙がきました。そこにはオーストラリアの学校に関するクイズが出ています。あなたは何問，正解できますか？

Australian Quiz	True	False
①We don't have a school lunch.		
②We don't have textbooks.		
③We don't have homework.		
④School starts at 8:30.		
⑤School finishes at 4:30.		
⑥We have school uniforms.		
⑦We have gym clothes.		
⑧We don't have cleaning time.		
⑨We don't have indoor shoes.		
⑩We have tea time in the morning and afternoon.		

★２　日本の学校生活のクイズを１つ考えましょう！

- -

- -

- -

- -

自己評価　　　４　できた　３　どちらかというとできた　２　どちらかというとできない　１　できない

①日本の学校について，英語でしょうかいできそうですか。　　　　　　　４　３　２　１

②単元を通して，知ったことや分かったこと，思ったことを書きましょう。

1 My Winter Vacation 冬休みの計画
Let's try Christmas Quiz！
クリスマス・クイズに答えよう！

・目　標：クリスマス・クイズに答えながら，海外のクリスマスに興味をもつ。

・準備物：□クリスマス・クイズ　□歌や写真（赤鼻のトナカイ他）　□アクティビティ・シート

ク リスマスは西洋の人たちにとって大きな行事であり，家族や親戚の人が集まってお祝いをする新年よりも重要な日と言われます。日本ではクリスマスにケーキやチキンを食べますが，イギリスではクリスマスプディング，アメリカではターキー（七面鳥），サンタクロース村のあるフィンランドでは豚肉のハム，というように各国でお祝いの仕方が違います。今回は，クリスマス・クイズや歌で，クリスマスの雰囲気を出していきましょう。

1 導入（10分）

❶ 挨拶を行い，曜日・日付，天気等を確認後，歌を歌う。（5分）

❷ クリスマスに何が欲しいか尋ねる。（2分）

T：Now, it is December 10th. We will have Christmas soon.

　　Christmas is a big event. When is Christmas？（カレンダーを指す）

C1：December 25th.

T：Right. What do you want for Christmas？

C2：I want new shoes.

T：What shoes？

C2：Basketball shoes.

T：Why？

C2：My basketball shoes are old and small.

❸ クリスマスに何を食べるか尋ねる。（3分）

T：What do you eat on Christmas？

C1：Christmas cake and chicken.

T：Yes. We eat Christmas cake and chicken. How about in the U.S., what do they eat？

C2：Turkey！

T：Yes. They eat turkey.（写真を見せる）

　　We eat Christmas cake and chicken, but they do not eat cake.

They eat turkey. How about in the U.K.?

このように，日本と海外のクリスマスの過ごし方の違いを紹介し，異文化理解を深めます。

2 展開（25分）

❶ クリスマス・クイズをする。（18分）

アクティビティ・シートを配ります。

T：Today, I'll give you Christmas quiz. I'll give you an activity sheet.

クリスマス・クイズを出します。

T：Now, I have four Christmas quizzes. Let's do it !
No. 1. We put Christmas tree. In which country
did it start ?　(A) The U.K. (B) Germany

C：A, the U.K.

> 第1問
>
> クリスマスツリーは、どこ
> の国で生まれた？
>
> A　イギリス
> B　ドイツ

T：Who thinks A ?（児童は手をあげる）
Who thinks B ?（児童は手をあげる）
The answer is … B.

C：（B に手をあげた児童は喜ぶ）

> ドイツ
> 1500年ごろ
> ツリーの原型ができました。

T：No. 2. In Japan, we send new years' card, but in
Western countries, they send Christmas cards. In
which country did Christmas cards start ?
(A) The U.K. (B) The U.S.A.

C：これは B だな。

T：Who thinks A ?（児童は手をあげる）

> 第2問
>
> クリスマスカードの習慣は、
> どこの国で始まったか？
>
> A　イギリス
> B　アメリカ

Who thinks B ?（児童は手をあげる）

T：The answer is... A, the U.K.

C：（イギリスに手をあげた児童は喜ぶ）

> イギリス
> 1843年にヘンリー・コール
> が最初に作りました。

以下，次のようなクイズを出していきます。

〈クリスマス・クイズ〉

| No.3

We put boots or socks on the Christmas tree. Why?

(A) They're lucky.

(B) We give them to Santa Claus. | 第3問

クリスマスにどうして長靴を飾るの？

　A　縁起がいいから
　B　寒い冬に、サンタにプレゼントするように | （答え）A　サンタクロースのモデルと言われるセントニコラオスは，夜，こっそりと金貨の入った袋を煙突から投げいれました。すると，その金貨が暖炉のわきに干してあった靴下の中に入っていたところから，サンタクロースはプレゼントを靴下の中に入れてくれるという話になりました。 |
| No.4

How many reindeer does Santa Claus have?

(A) 3　(B) 5　(C) 9 | 第4問

サンタのソリを引いているのはトナカイですが、では、何頭？

　A　3頭
　B　5頭
　C　9頭 | （答え）C　9頭のトナカイにも名前があり，Rudolph（ルドルフ），Dasher（ダッシャー），Dancer（ダンサー），Prancer（プランサー），Vixen（ヴィクゼン），Comet（コメット），Cupid（キューピッド），Donder（ドナー），Blitzen（ブリッツェン）がサンタのそりを引いています。 |

T：サンタの連れているトナカイは9頭いるんです。ちゃんと名前もあるんです。

　（と言って，「赤鼻のトナカイ」の歌を聞かせる）

　赤鼻のトナカイの歌は，最初に9頭の紹介から始まっています。

　赤鼻のトナカイの歌を聞きます。

\ ポイント /

　「サンタが町にやってくる」の歌詞にも，多くのクリスマス文化が入っていて，サンタはこっそり家にやってきて，よい子でいたか悪い子でいたか，見つけに来ると言われています。

❷ **クリスマスに欲しいものを書く。（7分）**

　必要に応じて，黒板に例文を書くといいでしょう。

T：今の先生が欲しいのは，I want shoes（板書する）and ….

　I want a jacket.（板書する）

　みんなもクリスマスに欲しいものを書いてみましょう。

3 まとめ（5分）

　振り返りカードへの記入を行い，学んだことなどを発表させます。

クリスマス・クイズに答えよう！

★1　クリスマス・クイズに何問正解できますか？

No.1		No.2	
No.3		No.4	

一口メモ

◎クリスマスイブって，いつ？

　クリスマスは12月25日です。では，クリスマスイブはいつでしょうか？

　え？　前日だから，12月24日？　そうなんですけど，24日すべてじゃないんです。

どういうことですって？

イブ（Eve）は，evening（イーブニング）夕方を指すのです。

つまり，クリスマスイブは，24日の夕方から25日までを言います。

★2　あなたがクリスマスの欲しいものを2つ書いてみましょう。

❶

I want

❷

I want

Part 6

2 My Winter Vacation　冬休みの計画
What do you do on New Year's Day？
お正月は何をする？

・目　標：日本の行事に気付かせるとともに，正月にやることを伝え合う
・準備物：□海外の正月クイズ　□国旗　□水玉模様の写真　□アクティビティ・シート

日本では，大晦日に，細く長生きしますように，年越しそばを食べます。また，除夜の鐘を聞きながら，新しい年を迎えます。元日には，年賀状を受け取ったり，初詣に行ったり，おせち料理を食べたりしながら，新年の3が日を過ごします。アメリカではどうでしょうか。新年を祝うのは，大晦日と新年の2日だけで，大晦日はカウントダウンの後，花火で新年を祝います。今回は，海外の新年を扱いながら，日本の新年についての理解を深めていきます。

1 導入（15分）

① 挨拶を行い，曜日・日付，天気等を確認後，歌を歌う。（5分）

② 外国の正月クイズをする。（10分）

国旗で国を紹介します。

T：What country is this？　　**C**：It's the U.K.

T：How about this？　　**C**：It's Italy.

\ ポイント /
　クイズの答えとなる国を中心に，スペイン，アメリカ，イタリア，韓国，中国，タイなどの国旗を黒板に貼っていきます。

　クイズを出します。

T：I'll give you New Year's quizzes.

　　No.1. In this country, we eat 12 grapes on New Year's Day. We can be happy.

C：12 grapes？

T：Yes. 12 grapes. Which country is this？ Choose one.

　黒板に貼ってある国旗を指さしながら，児童に答えを確認していきます。

　答えを確認します。

T：The answer is … Spain.（**C**：え〜〜）

T：In Spain, they eat 12 grapes on New Year's Day.

　　No.2. We wear clothes with polka-dots.（写真を見せる）We can be rich！

Which country is this ?

C：I think it is … Italy ?

T：Hint. It is a cold place. Santa Claus lives in this country. Moomin lives in this country.

C：Finland !

T：That's right.

いくつか海外の正月の過ごし方を調べ，クイズにして出します。

〈主な海外の正月の過ごし方〉

アメリカ	大晦日から正月にかけて家族でホームパーティーなどを開いて過ごす。年越しの1分前からカウントダウンが始まり，花火があがる。アメリカは時差があるので，ニューヨークで年があけても，サンフランシスコではまだ年が明けていないこともある。
イタリア	赤は幸運の色と考えられ，新年になる時に赤いものを身に付けていると幸せになれると考えられている。
イギリス	新年を祝って「ホタルの光」を歌う。新年の早朝，一番に水をくんだ人が幸せになれると言われ，競って水をくみにいく。
スペイン	新年の鐘の音と一緒に，ぶどうを12粒食べると幸せになると言われている。
中国	旧暦を使っているので，中国の正月は1月〜2月になり，毎年日にちが違う。赤い袋に入れたお年玉を大人でもやり取りをする。
韓国	トッククと呼ばれる雑煮を食べる。
タイ	4月中旬の旧正月にソンクラーンと呼ばれる水撒きのお祭りがある。
フィンランド	新しい年を迎える大晦日に，水玉模様の服を着ると富がもたらせると考えられ，多くの人が水玉模様の服を着ている。

② 展開（20分）

❶ 日本の正月の過ごし方を海外の人に伝える。（10分）

今日の課題を伝えます。

T：I have an e-mail from my friend. He is from Australia. He is an elementary school teacher.（写真を見せる）He has a question.

How do Japanese people spend New Year's Day ? What do you do on New Year's

Part 6

Day ?

C：初詣 / 年賀状をチェックする / トランプで遊ぶ / 餅を食べる。

T：I see. O.K. I'll give you an activity sheet.

アクティビティ・シートを配ります。

大晦日や新年にやることを書きます。

教師はこの時，机間指導し，児童がどんなことをするかメモしておきます。

児童に尋ねます。

T：What do you do on New Year's Eve ?　　**C1**：I eat *soba.*

T：(① I eat *soba.* と板書する) Who eats *soba* ?（児童は手をあげる）

> \ ポイント /
> 　児童から出されたものに番号を付けながら黒板に書き，海外に紹介したい日本の過ごし方を児童に１つ選ばせる時の参考にします。

❷ 日本の正月の過ごし方を１つ選び紹介する。(10分)

T：みんな色々，大晦日や正月にやることを出してもらいましたが，海外の人に，先ほどのクイズじゃないけど，「日本ってこんな風に新年を過ごすんだ」と知ってもらうために，ビデオを撮って，紹介したいと思うんだけど，１つだけ選ぶとしたら何を選ぶ？　年越しそば？　大掃除？　年賀状？　初詣？　おせち料理？　お年玉？　紅白？

児童に紹介したいものを１つ選ばせます。その後，A4の画用紙を配り，それに選んだものを紹介する絵を描かせます。終わったら，どんな風に説明するか３文程度の英語を考えさせます。

> \ ポイント /
> 　実際は，次の時間に撮影し，その後，みんなで見合うなど行い，日本の正月の過ごし方や英語表現に慣れ親しませていくようにします。このような相手意識をもった本物の活動を学期に1度は入れながら，英語を用いて表現する意義を時々は確認していきたいと思います。

❸ まとめ (5分)

振り返りカードへの記入を行い，学んだことなどを発表させます。

What do you do on New Year's Day?

★1　あなたが大晦日や新年の3日間，どんなことをするか書いてみましょう。

大晦日（New Year's Eve）	・ ・ ・
新年（New Year）	・ ・ ・

★2　例や Word Box を参考に，大晦日や新年にやることを書きましょう。

　例）I eat *soba* on New Year's Eve.

　　　I read New Year's Card in New Year.

Word Box

①紅白を見る：watch Year End singing festival　②年越しそばを食べる：eat *soba*

③掃除する：clean my room (house)　④神社(寺)に行く：go to the shrine（temple）

⑤もちを食べる：eat rice cakes　⑥お年玉をもらう：get New Year's money

⑦買い物に行く：go shopping　⑧羽子板で遊ぶ：play Japanese badminton

⑨たこ揚げをする：fly a kite　⑩おせち料理を食べる：eat *osechi*

3　My Winter Vacation　冬休みの計画
What do you want to do during the winter vacation?
冬休みは何したい？

・目　標：冬休みにしたいことを伝え合うことができる。
・準備物：□カレンダー　□アクティビティ・シート

既習事項の定着は，高学年に課せられた課題です。以前に学習した表現を，場面を変えながらスパイラルに繰り返し，活用しながら，少しずつ児童のものにしていくようにしていきましょう。今回は，冬休みを前に，「何をしたい？」という　What do you want to do? の表現に慣れ親しみ，定着までもっていけるようにしたいと思います。

1　導入（15分）

❶ 挨拶を行い，曜日・日付，天気等を確認後，歌を歌う。（5分）

❷ Small Talk で何が食べたいか話をする。（10分）

　Teacher's Talk　教師が家に帰って食べたいものの話をします。

T：Wow, it is Friday today. What time do you go home?

C1：I go home at 4:00.

T： What do you want to eat tonight?

C1：I want to eat *yakiniku*.

T：Wow, it sounds delicious. I want to eat *yakiniku* too. What do you want to eat tonight?

C2：I want to eat pasta.

T：What pasta?

C2：Spaghetti Napolitana. I like it.

T：Great. What did you eat for dinner last night?

C3：I ate ... 忘れた.

T：You forgot?

C3：Yes. I forgot. 何だったっけな？ Oh, I ate. 焼き魚.

T：Grilled fish.

C3：Yes. Grilled fish.

T：I ate *chuka-don* last night.

　Pair Work　児童同士で Small Talk を行います。

T：All right, make pairs with your partners.

C：（児童は机を向かい合わせペアになる）

T：Let's talk about "dinner." I'll give you one minute. Let's start.

C1：Hello.

C1：How are you？

C1：I'm great.
What do you want to eat tonight？

C1：Oh, *yakisoba*. Why？

C1：I want to eat curry and rice.

C1：Yes, and it's hot and delicious.

C1：Last night？

C1：I ate *ramen*.

C1：*Miso ramen*.

C2：Hello.

C2：I'm good. How are you？

C2：I want to eat *yakisoba*.

C2：I like *yakisoba*. It's delicious.
How about you？
What do you want to eat？

C2：Curry and rice？ Do you like it？

C2：I ate grilled fish.
What did you eat？

C2：Yes.

C2：What *ramen*？

C2：I like *miso ramen* too.

\ ポイント /
　何とか児童には1分間，対話を継続できるよう話題を深めたり，広げたりさせるようにします。そのために，最初の Teacher's Talk で，1分間対話が続く程度の話題を児童に与えておきましょう。ペアを変えて，2回目を行います。

２ 展開（20分）

❶ 冬休みにやりたいことを伝え合う。（6分）
冬休みについて話します。

T：（カレンダーを見せながら）After Christmas, you'll have a winter vacation.
The winter vacation will start on December 25th and it ends on January 7th.
You have 14 holidays. What do you want to do during the winter vacation？
Do you have some plans？

C1：I want to go shopping.

T：Go shopping. How about you？

C2：I want to go skiing.

T：Nice. Are you a good skier ?

C2：So so.

❷ 冬休みにしたいことをテーマにペアで Small Talk する。（4分）

アクティビティ・シートを配付します。

Pair Work　冬休みにどんなことしたいか伝え合います。

T：Let's talk about your winter vacation. Make pairs. I'll give you one minute. Let's start.

C1：Hello.　　　　　　　　　　　**C2**：Hello.

C1：What do you want to do during

　　the winter vacation ?　　　　　**C2**：I want to go skiing.

C1：Do you like skiing ?　　　　　**C2**：Yes.

C1：よく行くの？Often go ?　　　**C2**：Yes. 年に３回くらい。

❸ 中間評価をする。（6分）

中間評価を行います。

❹ ペアを替え，２回目の Small Talk をする。（4分）

T：ペアで話してて，何かもっと言いたかったことない？

C1：「年に３回くらい」って何て言えばいいのですか。

T：何が年３回くらいなの？

C1：スキーに行くのが…。

T：年に３回？　何て言うんだろうね。

C2：Three ?　　**C3**：Year ?　　**C4**：Three year ?

T：何回…って言う時には，times を使って，three times と言えばいいです。

　　１年は，a year なので，「年に３回くらい」は，about three times a year です。

ペアを変えて，２回目を行います。

Writing　冬休みにやりたいことを書きます。

❸ まとめ（5分）

振り返りカードへの記入を行い，学んだことなどを発表させます。

冬休みは何したい？

★1　友達に何をしたいか英語でたずね合いましょう。

go skiing	go to a hot spring	play games	eat rice cakes
go shopping	watch TV	play with my friends	relax
go to the library	watch a movie	sleep	play card

★2　あなたが冬休みにしたいことを2つ書いてみましょう。

❶

I want to _____

❷

I want to _____

Part 6

4 My Winter Vacation 冬休みの計画
Where will you go？ どこに行くの？

・目　標：冬休みに行く予定のあるところを尋ねたり答えたりする。
・準備物：□ Techer's Talk で使う写真　□アクティビティ・シート

Where do you want to go？ は，「海外はどこに行きたい」等で学習した既習表現です。以前に学習した表現を繰り返し活用することで表現の定着を図ります。さらに，「もう行く予定がある」という発言を受け，小学校では学習予定のない未来の表現，will についてもここで適時導入してしまいます。

1 導入（15分）

❶ 挨拶を行い，曜日・日付，天気等を確認後，歌を歌う。（5分）

❷ Small Talk で Where do you want to go？どこに行きたい？と尋ねる。（10分）

　Teacher's Talk　教師が冬休みにやりたいことを話します。

T：You'll have 14 days holidays this winter. Let's talk about the winter vacation.

　　I want to go to Disneyland on New Year's Day.（写真1）

　　Every year, my family go to the Narita temple in Chiba prefecture.（写真2）

　　Before going to the temple, I want to go to Disneyland and enjoy many attractions.

　　I also want to go to a hot spring.（写真3）I want to relax in my winter vacation.

　　I also want to go skiing.（写真4）It's so exciting.

　　Lastly, I want to go to restaurant and I want to eat delicious food.

　　This is my dream for my winter vacation.

　　Where do you want to go in your winter vacation？

C1：I want to go to the stadium.

T：Why？

C1：I want to watch soccer games.

T：That's great. You want to go to the stadium？

　Pair Work　児童同士の Small Talk で冬休みに行きたいところを伝え合います。

　振り返りをします。

T：Tell me about your partners.

C1：Mayumi wants to go to Yamagata.

T：Why ?

C1：She have ? has... a grandmother in Yamagata.

T：I see. So, she wants to meet her grandmother.

C1：Yes.

> \ ポイント /
>
> 　実際に，Small Talk をやった後に，「パートナーについて教えて」という授業を拝見しました。三人称単数現在形を使う活動になってしまいますが，コミュニケーション（意味の共有）を図る意味で，発展的に行なわせてもよいと考えます。

2 展開（20分）

❶ 行きたいところを尋ねながら，本時の学習に迫る。（10分）

T：I want to go to Disneyland. Where do you want to go ?

C1：I want to go skiing.

T：Nice. You want to go skiing ?

C1：Yes. というか，もう行くことに決まっている。

T：Oh, you will go skiing.（will と板書）

　　　When will you go ?

C1：え？　何？

T：When... when will you go ?　January ? December ? When ?

C1：Ah, December 27 and 28 and 29.

T：Oh, you will go skiing from December 27 to 29.

C1：Yes.

T：Are you happy to go skiing ?

C1：Yes.

T：Two weeks later. Enjoy !

C1：Thank you.

> \ ポイント /
>
> 　児童と対話を行いながら，予定が分かっていたら，will を用いることに気付かせます。

アクティビティ・シートを配ります。

基本表現を確認します。

T：今日は，もうすでに行く予定のある場合，I will go … を使って，表現します。
質問する時は，Where will you go？ どこに行くの？や，When will you go？ いつ行くの？，Who will you go with？ 誰と行くの？など，色々質問してみてください。

〈板書〉

Tuesday, December 13th, 2020 ☼sunny / cold
ねらい：冬休みにすることを友達と伝え合おう。

| will：〜します | （これからのこと）
Where will you go? / I will go to the Naritasan Temple.
When will you go?
Who will you go with?　What will you do? / I will watch TV.

Demonstration　対話のモデルを見せます。

T：Any challengers？　（**C1**：はい）　Where will you go？

C1：I will go to Osaka.

T：Oh, that's great！　When will you go？

C1：December 24 and 25.

T：It's Christmas. Who will you go with？

C1：My family.

T：With your family. Good.

Class Work　友達と冬休みの予定について伝え合います。
活動の振り返りを行います。
数名に指名し，先生について紹介してもらい，達成度を確認します。

❷　冬休みに行きたいところと，行く予定のところを書く。（10分）

❸　まとめ（5分）

振り返りカードへの記入を行い，学んだことなどを発表させます。

Where will you go?　どこ行くの？

★1　友達に冬休みにどこに行くか，たずねてみましょう。

amusement park	theater	hot spring	relative's house
Osaka castle	Tokyo Skytree	shrine	temple
go skiing	go skating	go shopping	go cycling

★2　冬休みに行きたいところと，行く予定のところを，例を参考に，1つずつ書きましょう。

例）I want to go to Osaka.

　　I will go to the Narita Temple.

I want to go

I will go

My Future Dream　将来の夢
I want to be a vet.　私は獣医になりたい

・目　標：自分のなりたい職業を相手に伝えることができる。
・準備物：□職業の絵カード　□アクティビティ・シート

「将来の夢」は，小学校英語教材の定番の題材となっています。児童の中には，まだ，将来なりたい職業が決まっていない人もいるかと思います。夢を語る機会を設けることで，普段考えたことのない将来のことについて考えるきっかけとなり，夢に向かって努力し，夢を実現していく児童を育てていきましょう。英語の授業を通して，将来の夢を語る単元です。

1 導入（15分）

❶ 挨拶を行い，曜日・日付，天気等を確認後，歌を歌う。（5分）

❷ 職業クイズを行う。（10分）

T：Hello. I'll give you 職業クイズ！

No.1. I like small children.

C：幼稚園の先生。

T：That's right. A kindergarten teacher.

（幼稚園の先生の絵カードを黒板に貼る）Next, No.2. I help sick people.

C1：Help？

C2：Sickって何？

T：ごほ，ごほ，I am "sick."

（額に手を当てて熱があるジェスチャー）I am "sick."

C2：病気？

T：Yes. I help sick people.

C3：Doctor！

T：Yes. A doctor.（医者の絵カードを貼る）

　このように，職業クイズを行いながら，職業の特徴とともに，職業名を導入します。

〈職業クイズ例〉

1	I wear white clothes. I help doctors. I work at a hospital.	nurse（看護師）
2	I like animals. I work at a zoo.	zookeeper（飼育員）
3	I like music. I like dancing. I like singing.	singer（歌手）
4	I like talking about funny stories. I make people laugh.	comedian（芸人）
5	I count money. I work at a bank.	banker（銀行員）
6	I cut people's hair.	barber（床屋）
7	I bake bread and sell them.	baker（パン屋）
8	I work in an airplane. I can fly an airplane.	pilot（パイロット）
9	I work at a restaurant. I like cooking.	cook（料理人）
10	I drive a bus.	bus driver（バスの運転手）

＼ ポイント ／

　語を導入する時も，何らかの場面を用いたり，単語に意味をもたせたりしながら，コミュニケーションする中で導入を図ります。

2 展開（20分）

❶ 夢について語り合う。（10分）

Teacher's Talk　教師の幼い頃の夢を語ります。

小学校の頃の夢

T：（黒板の絵カードを指さしながら）We have many jobs.

　　When I was a child, I wanted to be a baker.（パン屋の絵カードを見せる）

　　My relative, 親戚, was a baker so I wanted to make bread. This was my first dream.

　　My second dream is … what？ Hint, I liked watching trains. I often went to see trains.

C：電車の運転士．

T：Yes. I wanted to be a train conductor.（電車の運転手の絵カードを見せる）

　　This was my second dream. My third dream was to be a teacher.

　　When I was 11 years old, I wanted to be an elementary school teacher.

　　I liked my homeroom teacher. I wanted to be like him.

中学校の頃の夢

T：When I was a junior high school student, I liked English, so I wanted to be an English teacher. This was my fourth dream. Also, I like traveling. I wanted to be a tour conductor. I wanted to go to many countries. And now, I am a teacher.

So, I had five dreams when I was young. Dreams can be changed.

Now, I want to be a rich man. What dreams do you have ? What do you want to be ?

児童に将来の夢について尋ねます。

T : What do you want to be ?　　　　C1 : 漫画家.

T : Cartoonist.　　　　　　　　　　C1 : Cartoonist.

T : Yes. I want to be a cartoonist.　C1 : I want to be a cartoonist.

T : Good. Do you like drawing pictures ?　C1 : Yes, I do.

T : What do you want to be, C2 ?　　C2 : I want to be ….

〈板書〉

Tuesday, January 15th, 2021 ☃ snowy / cold
ねらい：将来なりたい仕事について話す。

↓　職業の絵カード

What do you want to be? / I want to be a/an ….　　反応表現　　Nice!
　　　　　　　　　　　　　　　　　　　　　　　　　　　　　Great!

❷ 児童に将来なりたい職業を尋ねる。（7分）

アクティビティ・シートを配付し，職業の単語を発音練習します。

Class Work　なりたい職業を尋ねたり，答えたりします。

T : 今から友達にインタビューをして，誰がどんな職業につきたいのかメモしておこう。

C1 : Hello.　　　　　　　　　　　　C2 : Hello.

C1 : What do you want to be ?　　　C2 : I want to be a vet. How about you ?

C1 : I want to be a programmer.　　C2 : Nice.

❸ 将来なりたい職業を書く。（3分）

Writing　アクティビティ・シートになりたい職業を書いていきます。

❸ まとめ（5分）

振り返りカードへの記入を行い，学んだことなどを発表させます。

夢を語ろう！　何になりたい？

★1　友達とどんな仕事につきたいかたずね合ってみましょう。

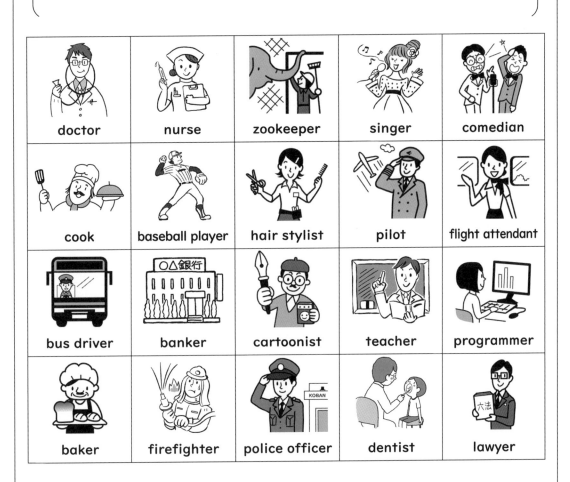

doctor	nurse	zookeeper	singer	comedian
cook	baseball player	hair stylist	pilot	flight attendant
bus driver	banker	cartoonist	teacher	programmer
baker	firefighter	police officer	dentist	lawyer

★2　自分が将来なりたい職業を英語で書いてみましょう。

I want to be

2 My Future Dream　将来の夢
I want to help animals.　私は動物を助けたい

・目　標：つきたい職業の理由が言える。
・準備物：□職業の絵カード　□アクティビティ・シート

な　りたい職業が英語で言えるようになったら，今度は，それに理由をつけてみましょう。尋ねた人も，何でその仕事につきたいのか，質問したくなるはずです。既習事項＋アルファの範囲内で，理由も言えるようにしましょう。

1 導入（15分）

❶ 挨拶を行い，曜日・日付，天気等を確認後，歌を歌う。（5分）

❷ ミッシング・ゲーム「職業」をする。（10分）

絵カードを見せながら，前時の復習をします。

T：What's this ?

C：Zookeeper.

T：Yes. It's a zookeeper.（と言って，絵カードを黒板に貼っていく）

職業の英語を教師の後に繰り返させます。

ミッシング・ゲームを行います。

T：Let's play missing game. Go to sleep.

C：（児童は机に顔を伏せる）

T：（絵カードを1枚とる）

Wake up. What's missing ?

C：Pilot !

T：（抜き取った絵カードを見せて）That's right !

\ ポイント /
　遊びを通して，英語を教えることができたら最高です。いつの年代になっても，児童はゲームを楽しみますし，そういうゲームを通して楽しく児童を育てたいと思います。

2 展開（20分）

❶ 将来なりたい職業の理由を言う言い方を知る。（10分）

将来なりたい職業を尋ねます。

T：What do you want to be ?　**C1**：I want to be a vet.

T：Nice. Do you like animals ?　**C1**：Yes.

T：Do you have any pets ?　**C1**：Yes. I have two dogs.

T：How about cats ?　**C1**：I like cats but I don't have cats.

　黒板に，イラストを貼り，その下に，名前を書いていきます。10人くらいに尋ねておきます。

〈板書〉

教師が小さい頃になりたかった職業とその理由を言った後，児童にも尋ねます。

　　　　T：Look at this.

　　　　　　When I was a small child, I wanted to be a baker. I wanted to make bread.

　　　　　　When I was 10 years old, I wanted to be a train conductor. I liked watching trains.

　　　　T：Takeshi, you want to be a vet.

Takeshi：Yes.

　　　　T：Why ?　Why do you want to be a vet ?

Takeshi：動物を助けたい。

　　　　T：「動物を助けたい」って，何て言ったらいいだろう？

　　　　C：Help animals.

　　　　T：分かった？

Takeshi：I want to help animals.

　　　　T：Good. Yoshiko and Miki want to be a kindergarten teacher. Why ?

Yoshiko：I like children.

T：You like small children. Good. How about you, Miki ?

Miki：私のお母さんが幼稚園の先生だから。

T：何て言おう？　私のお母さんが幼稚園の先生だから何？

Miki：お母さんみたいになりたい。

T：「〜みたいになりたい」は，I want to be like 〜.って言います。

（板書する）

> **＼ ポイント ／**
>
> 　どのクラスでも，「〜みたいになりたい」（want to be like...）や「人々を幸せにしたい」（make people happy）のような理由をあげる児童がいます。既習事項＋アルファの範囲内で，フレーズとして教えてしまいましょう。

❷　職業とその理由を伝え合う。（10分）

アクティビティ・シートを配ります。

Class Work　夢と理由を伝え合います。（★1）

C1：Hello.　　　　　　　　　　　　　　**C2**：Hello.

C1：What do you want to be ?　　　　　**C2**：I want to be a cartoonist.

C1：Cartoonist ? Why ?　　　　　　　**C2**：I like drawing pictures.

C1：Nice. You care good at pictures.　**C2**：Thank you. How about you ?

C1：I want to be a soccer player.　　　**C2**：Why ?

C1：I like soccer.

　　　 I want to be like Honda Keisuke.　**C2**：Nice. Try your best !

Reading　Mana（マナ）と China（チナ）がなりたいと思っている職業と理由を読み取ります。（★2）

Writing　なりたい職業と理由について書きます。（★3）

3 まとめ（5分）

振り返りカードへの記入を行い，学んだことなどを発表させます。

どうしてその仕事をやりたいの？

★1　友達となりたい職業と理由を伝え合ってみましょう。

(　　　　　　　　　　　　　　　　　　　　　　　　　　　　　　　　　　)

★2　Mana（マナ）と China（チナ）の将来の夢と理由を読み，表に書きましょう。

> Hi, I'm Mana. I want to be a nurse. I want to help sick people.

> Hi, I'm China. I want to be a cook. I want to make people happy.

	理由
Mana（まな）	
China（ちな）	

★3　例にならって，あなたがなりたい職業と理由を書いてみましょう。

例）I want to be a baseball player.
　　I like baseball.

I want to be

Part 7

3 My Future Dream　将来の夢
What do you want to do for the dream?
夢に向かって何をする？

・目　標：夢に向かってどんなことをしたらいいか考え，伝えることができる。
・準備物：□大谷翔平の夢実現シート　□教師の現在の夢の資料　□アクティビティ・シート

今回のテーマは，「夢に向かってどんなことをするの？」です。これには，既習事項の「want to... : ～したい」の表現を使ったり，小学校では指導項目ではありませんが，「意思を表す will：～するつもり」を用いて表現させたりしたいと思います。夢を描いても，それをどのように実現させていくかを考え，努力することは夢実現への大きな一歩となります。

1 導入（15分）

❶ 挨拶を行い，曜日・日付，天気等を確認後，歌を歌う。（5分）

❷ 大谷翔平選手の夢実現（マンダラ）シートを紹介する。（5分）

T：Who is this ?

C：Mr. Otani Shohei.

T：Yes. What sports does he play ?

C：Baseball.

T：Right. Mr. Otani is a professional baseball player. He plays baseball in the U.S.

　　This is a "mandara chart." （スクリーンで見せる）

　　Mr. Otani made this when he was in high school.

　　He wanted to be a professional baseball player, but not just a player.

　　His dream was selected by 8 professional baseball teams.

　　What did he do for his dream ?

　　He thought, "I will build stamina." （体力）"I can be a good person." （人間性）

　　"I want to learn breaking balls." （変化球）"I want to throw a fast ball." （スピード）

　　"I want to be strong." （メンタル）... He made this chart to be a baseball player when he was 16 years old. みんなの4年後. What do you think of him ?

C1：... すごい。

C2：夢を実現させるのに，細かく計算していた。

❸ 児童のなりたい夢について尋ねる。（5分）

T： What do you want to be ?

C1： I want to be a baker.

T： Why ? Why do you want to be a baker ?

C1： Because I want to make people happy with my bread.

T： You want to make people happy. Nice ! I want to eat your bread too.

　　 What do you want to do for your dream ?

C1： 栄養について勉強する。

T： 栄養 is a difficult word, what can you say ?

C： （児童が口々に言い替えのアイデアを言う）料理の仕方。

C： 料理！　 Cooking.

C1： I want to study about cooking.

T： You want to study about cooking.

C1： Yes.

T： O.K. We are going to talk about "What do you want to do for your dream ?"

　　 Let's think and talk !

2 展開（20分）

❶ 夢について話す。（5分）

教師の今の夢について語ります。

T： Now, I am a teacher. My dream came true. What is my dream now ?

　　 I want to go to England.（イギリスの地図を見せる）

　　 I want to eat fish and chips.（フィッシュアンドチップスの写真を見せる）

　　 I want to meet Peter Rabbit.（ピーターラビットの写真を見せる）

　　 I want to talk with people in the U.K.

　　 What can I do for my dream ?

　　 First, I want to study English every day.

　　 Second, I want to learn about England.

　　 Third, I will save money.

　　 Lastly, I will make a plan.

　教師の夢実現シート（アクティビティ・シートにあるミニマンダラ）をスクリーンなどで，児童に見せ，ミニマンダラの書き方の見本を見せるようにします。

❷ Small Talk で夢を実現するために何をするのか考える。（15分）

アクティビティ・シートを配ります。

★1に取り組ませ，夢を実現するために何をしたいかを書かせます。

　児童に夢についてやり取りを行います。

T : What do you want to be ?

C1 : I want to be a kindergarten teacher.

T : Kindergarten teacher ? That's nice. Why do you want to be a kindergarten teacher ?

C1 : Because I like children.

T : I see. What do you want to do for your dream ?

C1 : I want to go to 大学 .

T : University.

C1 : Yes.

T : How about you, C2 ? What do you want to be ?

C2 : I want to be a singer.

T : Nice. What do you want to do for your dream ?

C2 : I want to study *sing songs.

T : You want to study about singing.

C2 : Yes.

Pair Work　ペアで夢について伝え合います。

C1 : Hello.

C1 : What do you want to be ?

C1 : What do you want to do for your dream ?

C2 : Hello.

C2 : I want to be a nurse.

C2 : I will study science very hard.

Writing　★2に取り組み，自分の夢や，夢実現のため取り組みたいことを書いていきます。

3 まとめ（5分）

　振り返りカードへの記入を行い，学んだことなどを発表させます。

夢実現！　～Make your dream come true!～

★１　ミニマンダラを作ってみましょう！
　まんなかにみんなの夢を，❶～❹に，そのために何ができるか，何をしたいかを書き入れてみましょう。

	❶	
❹	Your Dream	❷
	❸	

★２　例にならって，自分の夢や，夢実現のために取り組みたいことなどを書きましょう。

　例）I want to be a doctor.

　　　I will study science very hard.

I want to be

My Future Dream　将来の夢
Let's talk about our future.　夢を語り合おう

・目　標：将来の夢について，クラスの児童の前で発表することができる。
・準備物：□アクティビティ・シート

単　元の終わりには，クラスの前で自分の夢について語る時間とします。Hello. I'm Maki. と挨拶をして，名前を言って，始めさせます。その後は，「なりたい職業」「理由」「夢実現のためにできること」を語り，ミニスピーチは終了です。

1 導入（10分）

❶ 挨拶を行い，曜日・日付，天気等を確認する。（2分）

❷ スピーチをすることを伝える。（2分）

T：Today, you are going to make a speech about your dream.

Say "Hello." and tell your name, "I'm ...." （板書する）

Then, you talk about your dream.

Next, tell about "Why ? "

Lastly, tell about "What do you want to do ? "

〈板書〉

Friday, January 21st, 2021 ❄ snowy
ねらい：将来の夢についてミニスピーチをしよう。

Hello. I'm ....
| ❶夢 |
| ❷理由 |
| ❸やりたいこと |
---

❸ 発表の練習をする。（6分）

立って2回，自分の夢を語ったら座るように言います。

ペアになり，発表のリハーサルを行います。

T：Do *janken* with your partners. Losers, stand up.

Make a speech about your dream.

When you finish, sit down.

> \ ポイント /
>
> 　ジャンケンを取り入れるだけで，教室の雰囲気は和らぎます。ジャンケンして，負けた方がスピーチをするという，運によって役割が決まるやり方で，誰もが気軽に英語を話せる雰囲気をつくるようにします。

席を1つずつ移動させ，違う人と繰り返させます。

❷ 展開（25分）

❶ 指名なしで，発表を行う。（20分）

説明します。

T：今から，スピーチ発表をします。先生は指名しません。やりたい人からどうぞ前に出てきてスピーチをします。ただし，この時間内にできなかったら，評価はゼロとなります。では，どうぞ。

> \ ポイント /
>
> 　上のように説明したら，教師は教室の後ろに行きます。私はよく児童のスピーチをビデオで撮りました。そして，それを次の学年で見せ，「先輩を越えるスピーチをして下さい」と言って見せることとしています。

児童が発表します。

> \ ポイント /
>
> 　指名なし発表のポイントは，「とにかく待つこと」です。とかく待てないのが教師ですが，必ず児童は自分の意思で前に出ることができると信じることです。とにかく待つことです。しかし，時には，「だんだんと時間が過ぎてきますよ」「もうやった人（手が上がる）。やっていない人（手が上がる）あと17人ですね。頑張りましょう！」などと背中を押してあげることで，児童は前に出るきっかけになることがあります。

発表時の評価

　評価観点は３つ作れます。１つ目は，「知識・技能」，２つ目は，「思考・判断・表現」，３つ目は，「主体的に学習に取り組む態度」の３つです。発表の様子を見て，上記の３つを評価するチャンスがありますが，事前にスピーチの内容を考えたり，練習をしたりしているなど「準備のある活動」のため，話すことにおける「思考・判断・表現」の観点は評価としては適切でないと考えられます。下記の表では，参考のため記載していますが，本時では，「知識・技能」と「主体的に学習に取り組む態度」の観点を評価対象とします。

〈参考〉

観点	満足（A）	概ね満足（B）	努力を要する（C）
知識・技能	英語表現をほとんど（90％以上）正しく使用することができる。	英語表現を概ね(70％以上)正しく使用することができる。	左記以外。
思考・判断・表現	将来の夢について，話す内容や順番を考え，相手に理解してもらえるよう十分に伝える工夫が見られる。	将来の夢について，話す内容や順番を考え，伝えている。	左記以外
主体的に学習に取り組む態度	用意してある絵カードを適切に見せながら，クラスのみんなの方を見て，堂々とスピーチが行えている。	用意してある絵カードなどを見せながら，クラスのみんなの方を見て，スピーチが行えている。	左記以外

❷ アクティビティ・シートにスピーチの感想を書く。（５分）

❸ まとめ（５分）

　振り返りカードへの記入を行い，学んだことなどを発表させます。

英語スピーチ「私の将来の夢」

★I　スピーチをした感想を書きましょう。

_____

_____

_____

★2　友達のスピーチを見ての感想を書きましょう。

_____

_____

_____

自己評価　　　4　できた　3　どちらかというとできた　2　どちらかというとできない　I　できない

①将来の夢について英語で伝えることができましたか。　　　　　　　4　3　　2　I

②スピーチではみんなの方を向いて，堂々と話すことができましたか。　4　3　　2　I

③単元を通して，知ったことや分かったこと，思ったことを書きましょう。

1

My Best Memory　私の思い出
What are your good memories？
小学校での思い出は？

・目　標：小学校での思い出を伝えることができる。
・準備物：□学校行事の写真　□教師の小学生の写真　□アクティビティ・シート

「将来の夢」（Part7）に引き続き，今回の「小学校の思い出」も定番授業となっています。卒業を前に小学校での思い出を伝え合い，友達はどんな行事や学校生活を楽しんだのか，思い出になっているのか，知る機会とします。基本表現は，What are your good memories？（よい思い出は何ですか？）と，My good memories are....（私のよい思い出は…）です。

1 導入（15分）

❶ 挨拶を行い，曜日・日付，天気等を確認後，歌を歌う。（5分）

❷ 学年写真で，行事を振り返る。（10分）

　学校には学年での行事写真や授業など，児童の写真が保存されているかと思います。それらの写真を何枚か見せながら，行事に関する語を導入していきます。

T：O.K. We're going to talk about school events.

　　Look at this.（運動会の写真を見せる）

　　What school event is this？

C：運動会！

C：Sports festival？

T：Good, or Sports... Day. It's a sports day.（写真を黒板に貼る）

　　（5年生の時の林間学校の写真を見せる）

　　What's this event？

C：林間だ！

C：キャンプファイアー。

T：Yes. It's a camp school（or summer camp）.

　　Look.（と言って調理実習の写真を見せる）

C：Home economics.

T：Right. It's a picture of cooking class.

〈主な学校行事や学校生活〉

	学校行事（school event）			学校生活（school life）	
1	運動会（the sports day）		1	調理（cooking class）	
2	修学旅行（the school trip）		2	給食（the school lunch）	
3	音楽会（the music festival）		3	休み時間（break time）	
4	校外学習（the field trip）		4	避難訓練（the fire drill）	
5	水泳大会（the swimming meet）		5	ボランテイア（the volunteer work）	
6	学芸会（the drama festival）		6	田植え（the rice planting）	
7	入学式（the entrance ceremony）		7	掃除（the cleaning time）	
8	卒業式（the graduation ceremony）		8	授業参観（the open school day）	
9	林間学校（the camp school）		9	学活（homeroom）	
10	臨海学校（the seaside school）		10	クラブ（club activity）	

② 展開（20分）

❶ 小学校の思い出について語り合う。（5分）

Teacher's Talk 教師の小学校の思い出を語ります。

T：Look at this picture.

This is a picture when I was in the 6th grade of elementary school.

My good memories are the school trip, the sports day and math classes.

I liked math very much.

I enjoyed studying math at school.

児童に小学校の思い出について尋ねます。

T：Tell me about your good memories. What are your good memories ?

C1：My good memories are the school trip, the music festival and my school lunch.

T：The school trip, the music festival and the lunch time ! I see.

What is your favorite lunch menu ?

C1：*Wakame gohan* !

T：Yeah ! I like it too. How about you, C2 ? What are your good memories ?

C2：My good memories are the sports day, the school trip and music class.

T：Oh, do you like music ?

C2：Yes.

Part 8

❷ 思い出を尋ね合う。（15分）

アクティビティ・シートを配付し，主な学校行事の言い方を確認します。

基本表現を確認します。

T：「あなたの思い出は何ですか？」と尋ねる時は，What are your good memories？と言います。言ってみましょう。What are your good memories？

C：What are your good memories？

T：「私の思い出は…」と言う時は，My good memories are .... となります。
言ってみましょう。My good memories are ....

C：My good memories are ....

〈板書〉

Friday, January 22nd, 2021 ☁ cloudy / cold
ねらい：一番の思い出の学校行事を伝え合う。
↓　学校行事の写真

What are your good memories?
My good memories are _____.

Class Work　小学校の思い出を尋ねたり，答えたりします。

T：今から友達にインタビューをして，小学校の思い出を尋ねましょう。
どの行事や学校生活が多いか調査しましょう。Stand up. Let's start！

活動を振り返ります。

T：どの行事が思い出にあがったかな？

C1：一番多かったのは，the school trip だった。

Writing　思い出に残っているものを英文で書きます。

❸ まとめ（5分）

振り返りカードへの記入を行い，学んだことなどを発表させます。

あなたの小学校の思い出は何？

★１　クラスの友達に，思い出に残っている行事などをたずね合い，人数を記録していきましょう。

school trip	sports day	field trip	music festival
camp school	swimming meet	athletic meet	drama festival

〔その他〕

①臨海学校（seaside school）　　②入学式（entrance ceremony）

③給食（lunch time）　　④田植え（rice planting）

⑤調理（cooking class）　　⑥ひ難訓練（fire drill）

⑦休み時間（break time）　　⑧クラブ活動（club activity）

⑨ボランティア（volunteer work）　　⑩卒業式（graduation ceremony）

★２　あなたの思い出を２つ書いてみましょう。

My good memories are

2 My Best Memory　私の思い出
What is your best memory？　一番の思い出は何？

・目　標：一番の思い出を伝えることができる。
・準備物：□学校行事の写真　□小学生の思い出ベスト５　□アクティビティ・シート

前 時は，思い出を複数あげましたが，今回は，よい思い出が複数ある中で，「一番の思い出は何か」を尋ね合うことをねらいとします。前回は，What are your good memories？でしたが，今回は一番の思い出なので，What is your best memory？を用います。

1 導入（15分）

❶ 挨拶を行い，曜日・日付，天気等を確認後，歌を歌う。（5分）

❷【復習】主な学校行事の単語を振り返る。（3分）

T：What school event is this？（と言って，前時に使った修学旅行の写真を見せる）

C：School trip！

T：Yes. How about this？（と言って，林間学校の写真を見せる）

C：Camp school.

❸ 大学生に聞きました！「小学校の思い出ベスト５」を行う。（7分）

T：Look at this.（と言って，スライドを見せる）

These are good memories at elementary school.

The fifth place is the camp school.

What is the fourth place？

C：Music festival.

T：Music festival？

（と言って4位を見せる）

That's right！

> 大学生に聞きました！
> 小学校の思い出ベスト5
> 第1位
> 第2位
> 第3位
> 第4位
> 第5位　camp school

ちなみに，1位（遠足），2位（修学旅行），3位（運動会）となっています。

②展開 (20分)

❶ 一番の思い出を尋ね合う。(15分)

アクティビティ・シートを配ります。

T：みんなの一番の思い出は何だろうね。何が多いかな？ 今日は，全員に聞いてみましょう。

C：え〜〜〜。

T：I'll give you an activity sheet.

基本表現を確認します。

T：この間は，「What are your good memories？ あなたの思い出は何ですか？」でしたが，今日は，「一番の思い出，best memory は何ですか？」という言い方，What is your best memory？ My best memory is.... という表現を使います。

言ってみましょう。What is your best memory？

C：What is your best memory？

T：My best memory is ....

C：My best memory is ....

〈板書〉

Tuesday, January 30th, 2021 ☃ snowy / freezing
ねらい：一番の思い出を伝え合う。
↓　学校行事の写真

What is your best memory?
My best memory is _____.

> **＼ポイント／**
> 児童に単語や表現を繰り返させる時には，1回でなく，最低2回は繰り返させるようにしましょう。なぜなら児童の中には，1回目でうまく繰り返せなかったり，言うタイミングを逃してしまったり，また，特別支援を要する児童においては，耳で音をちゃんと聞いてからでないと，再現できない児童もいます。できれば，いきなりリピートでなく，数回聞かせた後に，「じゃ，繰り返して言ってみましょう」とするのがよいのかも知れません。

Class Work　クラス全員に，一番の思い出を尋ね歩きます。

T：Now, ask all your classmates. Stand up. Start.

C1：Hello.

C2：Hello.

C1：What is your best memory ?

C2：My best memory is the music festival.

C1：Oh, the music festival ?（メモする）

C2：Yes. What is your best memory ?

C1：My best memory is the school trip.

C2：The school trip.（メモする）Thank you.

C1：See you.

❷　活動を振り返る。（5分）

　集計します。

T：O.K. Let's count. 集計してみましょう。

C：（児童は，どの行事は何人いたか集計する）

T：（黒板に貼られた行事の写真を示しながら）O.K. Now, we're going to check.

　　How about the school trip ? How many friends ?

C：15.

T：Fifteen ? So many. Who has the school trip as the best memory ?

C：（修学旅行を一番の思い出にあげた児童は手をあげる）

T：One, two, three, four…. Fifteen. Right. Fifteen. How about the sports day ? How many ?

C：10.

T：Who has the sports day as best memory ?

C：（児童手をあげる）

＼ ポイント ／
全員にインタビューをし，その後，集計結果をみんなで確認し合います。

Writing　一番の思い出を書きます。

❸ まとめ（5分）

　振り返りカードへの記入を行い，学んだことなどを発表させます。

あなたの小学校の一番の思い出は何？

★１　クラスの友達に，思い出に残っている行事などをたずね合い，人数を記録していきましょう。

学校行事	【記録用】　例）＋＋＋＋　｜｜（＝7人）
field trip（遠足）	
school trip（修学旅行）	
sports day（運動会）	
music festival（音楽会）	
camp school（林間学校）	
drama festival（学芸会）	
swimming meet（水泳大会）	
athletic meet（陸上大会）	

〔その他〕

①臨海学校（seaside school）　　　②入学式（entrance ceremony）

③給食（lunch time）　　　　　　④田植え（rice planting）

⑤調理（cooking class）　　　　　⑥ひ難訓練（fire drill）

⑦休み時間（break time）　　　　⑧クラブ活動（club activity）

⑨ボランティア（volunteer work）　⑩卒業式（graduation ceremony）

★２　あなたの一番の思い出を書いてみましょう。

My best memory is

3 My Best Memory　私の思い出
What did you enjoy about the sports day?
何を楽しんだ?

・目　標：どうしてそれが一番の思い出であるのか理由を伝えることができる。
・準備物：□ Teacher's Talk に使う写真　□アクティビティ・シート

よいよ思い出を深めていく学習になります。今回は，どうしてそれが一番の思い出であるのかを伝え合わせたり，その行事について詳しく説明させたりしていきます。基本表現は，I enjoyed ....（〜を楽しんだ）や，It was fun.（楽しかった），It was exciting.（ワクワクした），It was delicious.（美味しかった）などを用いると理由は言えるでしょう。

1 導入（15分）

❶ 挨拶を行い，曜日・日付，天気等を確認後，歌を歌う。（5分）

❷ 教師の小学校のベストメモリーを理由とともに紹介する。（3分）

T：Look at this picture.

This is a picture when I was in the 6th grade of elementary school.

My best memory is the school trip.

It was really fun.

I went to Nikko.

I saw many waterfalls.（写真を見せる）

I enjoyed watching waterfalls.

I liked it.

I ate *sukiyaki* at dinner.

It was delicious.

I played cards with my friend.

It was fun.

❸ 児童の一番の思い出と理由を尋ねる。（7分）

T：What is your best memory?

C1：My best memory is the school trip.

T：Wow. Tell me about the school trip.

C1：I went to Kamakura and Hakone.

T : You went to Kamakura and Hakone.

C1 : I went to Owakudani.

T : What did you do ?

C1 : I ....　登った…。

T : Climbed.

C1 : climbed and ate a black egg.

T : Oh, a black egg. How many ?

C1 : One.

T : How did it taste ?

C1 : Good.

T : What is your best memory, C2 ?

C2 : My best memory is the sports day.

T : What did you enjoy about the sports day ?

C1 : Our class won the game.

T : Yes, I was happy too.

\ ポイント /

　教師の Teacher's Talk の後に，児童と教師での Small Talk を 5 〜 6 名と行い，それらの Small Talk で，その後の児童同士の Small Talk が実施可能かどうかを見定め，できそうだと思った段階で，児童同士で対話させるようにします。

---

2 展開（20分）

❶　一番の思い出を伝え合う。（13分）

　ペアにします。

T : Make pairs. Move your desk together.

C :（児童はペアになり，机を向かい合わせる）

　Pair Work　ペアで一番の思い出について話します。

T : Let's talk about the best memory. I'll give you two minutes.
　　 Try to keep talking in two minutes. Are you ready ?

C : Yes.

T : Let's start.

C1 : Hello.　　　　　　　　　　　　　　　　**C2** : Hello.

C1：How are you ?	**C2**：I'm good. How are you ?
C1：I'm fine. What is your best memory ?	**C2**：My best memory is the sports day.
C1：What did you enjoy about the sports day ?	**C2**：I enjoyed running. I like running.
C1：Good.	**C2**：How about you ?
C1：My best memory is the swimming meet.	**C2**：Swimming meet ?
C1：Yes. 一位になった.	**C2**：No.1 ?
C1：Yes. I was happy.	**C2**：You have a gold medal ?
C1：Yes. My treasure.	**C2**：Yes. Treasure.
C1：まだ時間あるの？	**C2**：まだだね。
C1：Tell me more about sports day.	**C2**：I was No.1, 100 meters … race.
C1：You can run fast. How many ?	**C2**：How many ?
C1：100m 何秒？	**C2**：Oh, 7.2.

中間評価をします。

T：2分間，長かったでしょう。でも，何とか2分間，話を続けられたよ…という人？

C：（手をあげる）

T：では，ペアで，どんな話をしたか思い出してみましょう。その中で，本当はこんなことが言いたかった。もっとこういうことが言いたかった，ということがあれば，ミニホワイトボードに書いてみてください。時間は…3分でどうでしょう？

C：（ペアで会話を振り返る）

> \ ポイント /
>
> ここで，もっと表現したかったけど，できなかった表現を出し合います。最初はペアで，言えなかった表現や，もっと言いたかった表現をホワイトボード等に書き出せます。

❷ 一番の思い出について書く。（7分）

アクティビティ・シートを配ります。

Writing　一番の思い出とそれについて書きます。

3 まとめ（5分）

振り返りカードへの記入を行い，学んだことなどを発表させます。

あなたの一番の思い出は？

★ちな（China）とまな（Mana）の一番の思い出を読んで，あなたの一番の思い出について書いてみましょう。

> My best memory is the school trip.
> I went to Kamakura.
> I saw a *daibutsu*.　It was big.
> I ate *hatosabure*. It was delicious.

> My best memory is the sports day.
> Our red team won the game.
> I enjoyed 100m race.
> I was in the first place. I was happy.

My best memory is

4

My Best Memory　私の思い出
Good memories in my life.　私の思い出

・目　標：色々な思い出を伝えることができる。
・準備物：□アクティビティ・シート

今まで学習した表現等を用いて，児童の今までの生活の中での思い出を伝え合います。基本表現は，What are your good memories in your life？／My good memories in my life are .... を用い，どんなよい思い出があるのかを尋ね合います。児童には，例えば，ピアノの発表会や誕生日，サッカーの試合，剣道，家族旅行など，思い出があるでしょう。

1 導入（10分）

❶ 挨拶を行い，曜日・日付，天気等を確認し，歌を歌う。（5分）

❷【復習】学校生活における一番の思い出を振り返る。（3分）

T：We have many school events. We talked about your best memory at school.
　　What is your best memory？

C1：My best memory is the music festival. I like music. I played the piano. It was fun.

T：Your best memory is the music festival. Good. Do you like playing the piano？

C1：Yes, I do.

T：Do you play the piano every day？

C1：Yes.

T：Great！　Today, let's talk about "Your best memory in your school life."

❸ Small Talk で児童同士で，一番の思い出について話す。（2分）

C1：Hello.　　　　　　　　　　　　**C2**：Hello.

C1：What's your best memory？　　　**C2**：My best memory is the camp school.

C1：Camp school. What did you enjoy？　**C2**：I enjoyed the campfire.

C1：Yes. I like it.　　　　　　　　　**C2**：What is your best memory？

C1：My best memory is the school trip.　**C2**：What did you enjoy？

C1：I enjoyed Kamakura.　　　　　　**C2**：What did you see？

C1：I saw temples.　　　　　　　　　**C2**：Nice.

②展開（25分）

❶ よい思い出を伝える。（7分）

Teacher's Talk　教師の思い出ベスト５を話します。

T：Today, let's talk about "Good memories in my life."

Can you say some good memories in your life ?

Look at this screen. I practiced *karate* and I was in the second place. I got a big plate.

This is my fifth good memory.

My fourth good memory is that I lived in Vietnam. I was a teacher in Vietnam.

My third good memory is that I passed a test to go to university.

My father and mother looked very happy.

My second good memory is our wedding ceremony and a honeymoon to Okinawa.

It was my first time to go to Okinawa. I enjoyed watching the beautiful sea.

My best memory is my daughter's birthday.

まだまだあげればきりがないくらい，生きていると色んないいことがあります。

みんなは，どんなよい思い出があるかな。

児童に質問し，考えるきっかけとします。

T：What are your best memories in your life ?

C：…

T：Do you have any good memories ? How about you, C1 ?

C1：I went to Hokkaido.

T：Oh, you went to Hokkaido. Why is it a good memory ?

C1：観光した。

T：観光した。色んなところに行った。

C：Many places.

T：Yes. Can you say it in English ?

C1：I went to many places.

T：Great.

❷　今までのよい思い出を考える。（18分）

アクティビティ・シートを配ります。

今まででよい思い出を書きあげます。

T：今まででみんなどんな思い出がありますか。

　　先生は，大きな思い出から小さな思い出まで，たくさんあげれば，①子どもが生まれた，②結婚した，③大学に合格した，④空手で賞をとった，⑤教員になった，⑥家が買えた，⑦車が買えた，⑧畑でスイカが取れた，⑨イタリアに行った，⑩ベトナムに３年間住んだ，⑪アメリカのディズニーワールドに行った，⑫本を出版した，など，たくさんのよい思い出があります。みんなは今までで，どんな思い出がありますか。

　　★１に思いつくものを書きましょう。

C：（児童は書く）

> \ ポイント /
>
> 　過去の思い出は，意識しないと思い出せないものです。でも，時間をとり，大きな思い出から，小さな思い出まで，過去の自分に感謝しながら，未来の生活を送ってもらえるよう，考える時間とします。

　思い出ベスト３を選びます。

T：では，色々出た中で，ベスト３をあげるとしたら，何になるかな。

　　選んで書いてみましょう。

C：（児童はベスト３を決め，書く）

　基本表現を確認します。

T：O.K. Let's talk about your memories. What are your memories ?

C1：…剣道で１位になった。

T：Great ! When ?

C1：去年。

T：Last year. Good. You won a championship. So what are your memories ?

C1：I played *kendo* and I won a championship.

T：Good.

Pair Work　ペアで思い出を語り合います。

3 まとめ（5分）

　振り返りカードへの記入を行い，学んだことなどを発表させます。

130

あなたの心に残る思い出は？

★1　今までで，心に残る思い出をできるだけたくさん書いてみましょう。

（　　　　　　　　　　　　　　　　　　　　　　　　　　　　　　　　　　　）

the 1st place（第1位）…（　　　　　　　　　　　　　　　　　　　　　　　　　）
the 2nd place（第2位）…（　　　　　　　　　　　　　　　　　　　　　　　　　）
the 3rd place（第3位）…（　　　　　　　　　　　　　　　　　　　　　　　　　）

★2　今までで，思い出に残ることを1つ書きましょう。

自己評価　　　4　できた　3　どちらかというとできた　2　どちらかというとできない　1　できない
①思い出について英語で伝えることができましたか。　　　　　　　　4　3　2　1
②友達と思い出について伝え合うことがでましたか。　　　　　　　　4　3　2　1
③単元を通して，知ったことや分かったこと，思ったことを書きましょう。

（　　　　　　　　　　　　　　　　　　　　　　　　　　　　　　　　　　　）

What do you want to do at JHS？　中学校で頑張りたいこと
I want to join the soccer team.　サッカー部に入りたい

・目　標：中学校で入りたい部活について伝えることができる。

・準備物：□部活の絵カード　□先生クイズ　□アクティビティ・シート

児童にはできることなら過去を振り返らず，未来に向かって夢や希望を語り合わせたいと思っています。卒業を前にしたこの時期，児童が最も楽しみにしているだろうと思われる「部活」を話題にします。地域によっては，小学生が中学校に出向き，授業や部活を体験する機会を設けているところもあるかと思います。部活での希望を語り合いましょう。

1 導入（15分）

❶ 挨拶を行い，曜日・日付，天気等を確認後，歌を歌う。（5分）

❷ 先生クイズを行う。（10分）

T：Today's teachers' quiz. Who is this teacher ?

　　No.1. She was on the tennis team at junior high school.（テニスの絵カードを見せる）

C1：「中学でテニスをやっていた」ってこと。

C2：ああ。○○先生！

C1：おい！　She って女の人だぞ！

T：Hint No.2. She was in the music club.（音楽の絵カードを見せる）

C：え～～～？　誰だ？

T：Hint 3. She likes Chibi Maruko chan very much.

C：あ！　分かった。

T：The answer is …?

C：○○先生！

T：That's right !（先生の写真を見せる）

> ＼ ポイント ／
>
> 　ここで，いきなり，She… と出すことで，代名詞の she は女性を表すことに気付かせます。he/she は，小学校5年生での他者紹介で，can とともに学習します。そこから久しぶりになりますので，意図的に用いながら，既習事項の定着を目指します。

② 展開（20分）

❶ 部活動名の言い方を知る。（5分）

T：（黒板に貼られたテニスの絵カードを指さして）

　　○○ *sensei* was on the tennis team at junior high school.

　　What club was she in at high school ?

C：Music !

T：Right. She was in the music club, at high school.

　　Repeat. Tennis.　　　　　　　　　　**C**：Tennis.

T：Music.　　　　　　　　　　　　　　**C**：Music.

〈主な部活動名〉

サッカー	soccer	陸上	track and field
野球	baseball	柔道	*judo*
バスケットボール	basketball	剣道	*kendo*
バレーボール	volleyball	音楽	music
テニス	tennis	パソコン	computer
卓球	table tennis	ソフトボール	softball
科学	science	英語	English

❷ 入りたい部活について伝え合う。（15分）

児童に尋ねます。

T：You'll graduate from this school and go to junior high school next month. You must have a great future. When you go to junior high school, what club do you want to join ?

C1：Soccer.

T：Who wants to join the soccer team ?　（**C**：サッカー部に入りたい児童は手をあげる）

T：One, two, three, four. Four students want to join the soccer team.
　　What club do you want to join ?

C2：Baseball.

T：You want to join the baseball team. Do you play baseball ?

C2：Yes.

T：What is your position ?

C2：Pitcher.

T：Are you a good pitcher ?

C2 : Yes !

T : Good. How about you, C3 ? What do you want to join ?

C3 : I want to join ....

T : I want to join the ....

C3 : I want to join the *kendo* club, because I practice *kendo*.

T : Really ? Are you a strong *kendo* player ?

C3 : So so.

> \ ポイント /
>
> 　児童と対話をしながら，だんだんと基本表現で言えるようになってくるのを見届けてから，アクティビティ・シートを配付し，Class Work にもっていきます。

〈板書〉

Friday, March 1st, 2021 ❄ snowy / very cold
ねらい：中学校で入りたい部活を英語で伝え合う。
↓　部活の絵カード

What club do you want to join?
I want to join the tennis team.

アクティビティ・シートを配付し，主な部活名の言い方を確認します。

Class Work　自由に立って友達に入りたい部活を尋ねていきます。

Writing　入りたい部活を書きます。

❸ まとめ（5分）

　振り返りカードへの記入を行い，学んだことなどを発表させます。

何部に入りたい？

★1　クラスの友達は，中学校でどんな部活に入りたいと思っているのでしょうか。

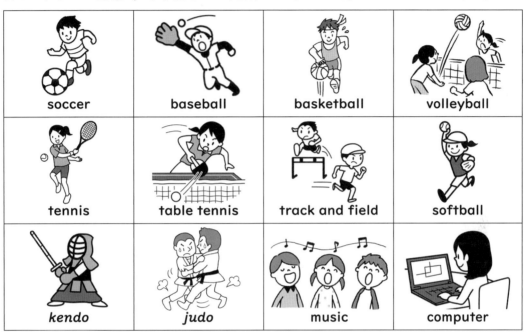

soccer	baseball	basketball	volleyball
tennis	table tennis	track and field	softball
kendo	*judo*	music	computer

［その他］　①将棋部（*shogi*）　　②科学部（science）　　③英語部（English）

④調理部（cooking）　　⑤新聞部（newspaper）　　⑥放送部（broadcast）

★2　例を参考に，あなたの入りたい部活を書いてみましょう。

例）　I want to join the music club.

I want to join the

2

What do you want to do at JHS?　中学校で頑張りたいこと
I want to enjoy sports day.　体育祭が楽しみだ！

・目　標：中学校の学校行事等で何を頑張りたいか伝えることができる。
・準備物：□学校行事の絵カードまたは写真　□アクティビティ・シート

部活の次は，学校行事です。中学校での学校行事で楽しみにしていることを伝え合います。中学校には，小学校とは違った行事があります。どんな行事が中学校にはあるのかを写真や映像などで，中学校生活への夢と希望をもたせましょう。

1 導入（15分）

❶ 挨拶を行い，曜日・日付，天気等を確認後，歌を歌う。（5分）

❷ 中学校の学校行事について紹介する。（10分）

T：I have some messages from junior high school students. They give us some quizzes about school events.　What school events do they have at junior high school?
Let's listen.

〈学校行事〉

No. 1	I went to Kyoto and Nara. I enjoyed watching famous temples. I ate *yatsuhashi*, famous sweet snack in Kyoto.（写真） I saw a big Buddha and deer at Nara Park.（写真） I enjoyed talking with my friends at a hotel.（写真） What event is this?（答え：school trip）
No. 2	It is an event in November. We enjoy singing and we compete our songs. We practice singing songs very hard for the festival.（写真） What event is this?（答え：music festival）
No. 3	In summer, we go to some places and we work for three days. I went to the gas station.（写真） My friend went to a bakery shop and she made some bread.（写真） We learned a lot about jobs. We had a good time. What event is this?（答え：work experience）

　実際の写真を見せながらクイズを出したり，可能であれば中学校と連携を図り，生徒会役員等に英語のビデオレターでクイズを出してもらったりすると，より臨場感のある中学校生活への理解が深まるかと思います。小中連携の１つの取組として行ってみてはどうでしょうか。また，中学生にアンケートをとってもらい，どの行事が楽しかったのか調査し，それを発表することでも，どんな行事が楽しみとなるか希望がもてるかと思います。

2 展開（20分）

❶ 一番の思い出を尋ね合う。（15分）

　楽しみにしている行事を尋ねます。

T：I enjoyed the school trip very much. I went to Kyoto and Nara. This is the picture.

　　I enjoyed watching temples and enjoyed shopping in Kyoto.

　　I saw deer at Nara Park. It was exciting.

　　In junior high school, you'll have many interesting school events.

　　What school events do you want to enjoy ?

C1：Sports day.

T：Sports day. Only sports day ?

C1：And sports tournament.

T：Great ! You like sports, right.

C1：Yes.

T：What sports ?

C1：Basketball.

T：I see. Why do you want to enjoy the school trip ?

C1：School trip ? Well, I want … to enjoy travel.

T：Oh, you want to enjoy traveling.

C1：Traveling.

T：バスケでもあるでしょ。トラベリング。旅行。Traveling.

C1：Traveling.

T：Good. How about you ? What school events do you want to enjoy ?

C2：I … want to enjoy the school trip and music festival.

T：Oh, you want to enjoy school trip and the music festival.

（後略）

〈板書〉

Tuesday, March 6th, 2021 ☼sunny / warm
ねらい：中学校で楽しみにしている行事を伝え合おう。
↓　学校行事の写真

What school events do you want to enjoy?
I want to enjoy _____.

基本表現を確認した後，アクティビティ・シートを配付します。

Class Work　楽しみにしている行事を伝え合います。

T：Demonstration. Hello.

C1：Hello.

T：What school events do you want to enjoy ?

C1：I want to enjoy the school trip. What school events do you want to enjoy ?

T：I want to enjoy the school trip too. Thank you. Bye !

C1：Bye.

T：このように，これ以外も話してもいいですが，色んな人と対話しながら，友達はどんな行事を楽しみにしているか尋ね合いましょう。

❷ **活動を振り返る。（5分）**

集計します。

T：Tell me about your friends.

C1：Kenta, Maki, Koji, Yasuo, Chinami, and Manami want to enjoy the school trip.

T：Oh, so many. Anyone else ?

Writing　アクティビティ・シートに楽しみにしている行事を1つ書きます。

❸ **まとめ（5分）**

振り返りカードへの記入を行い，学んだことなどを発表させます。

138

中学校の行事！何が楽しみですか？

★1　友達が楽しみにしている行事をたずね合い，どの行事が多いかメモしていきましょう。

school events（学校行事）		楽しみにしている友達
① school trip		
② music festival		
③ sports day		
④ job experience		
⑤ field trip		
⑥ volunteer work		
⑦ sports tournament		

★2　あなたが楽しみにしている学校行事を書いてみましょう。

I want to

3 What do you want to do at JHS? 中学校で頑張りたいこと
What subject do you want to study?
勉強で頑張りたいことは?

・目　標：将来の夢を見据え，頑張りたい教科について伝えることができる。
・準備物：□教科の絵カード　□中学校の教科書の表紙　□アクティビティ・シート

将来の夢について児童は学習済みであり，夢に向かって，特に何の教科を勉強しなくてはいけないかを考えることは，自己実現のための学習意欲に影響を与えます。中学校に入学して頑張りたい教科を考えさせ，夢に向かって努力する児童の姿を確認しましょう。

1 導入（15分）

❶ 挨拶を行い，曜日・日付，天気等を確認後，歌を歌う。（5分）

❷ Small Talk で好きな教科について話す。（10分）

　Teacher's Talk　児童に好きな教科を尋ねます。

T：What subjects do you like?

C1：I like P.E., arts and crafts, and science.

T：You like P.E., arts and crafts, and science.（教科の絵カードを貼る）
　　How about you, C2?

C2：I like math, Japanese, and music.

T：You like math, Japanese, and music.（教科の絵カードを貼る）

> \ ポイント /
> 　授業の最初は，できるだけ簡単で，児童の全員ができるものでスタートしたいです。教科名については，児童は5年生で，学習済みですので，その復習も兼ねて行います。

　Pair Work　児童は Small Talk で，教科をテーマに話をします。

T：O.K. Make pairs with your partners.

C：（児童はペアになる）

T：Let's talk about "subjects." I'll give you one minute. Let's start.

C1：Hello.　　　　　　　　　　　　　　　**C2**：Hello.

C1：I like math. What subjects do you like?　**C2**：Please guess.

C1：Do you like P.E.?　　　　　　　　　　**C2**：Yes! That's right. And …?

C1 : Do you like math ?

C1 : Do you like science ?

C1 : Do you like arts and crafts ?

C1 : No. My picture isn't good.

C1 : Are you good at drawing pictures ?

C1 : My favorite subject is math.

C2 : No, I don't.

C2 : No. I don't like science.

C2 : Yes ! I like arts and crafts.
Do you like arts and crafts ?

C2 : You are not good at drawing pictures.

C2 : No, but I like drawing.
What's your favorite subject ?

C2 : I see.

> \ ポイント /
>
> 　児童同士の Small Talk については，その目的は文科省により，①既習事項の定着，②対話の継続方法を学ぶ，としています。また児童同士の Small Talk が6年生で行うことになっていますが，慣れ親しみから考えますと，5年生から少しずつ慣れさせていくとよいと考えます。

②展開（20分）

❶ 中学校の教科について知る。（10分）

　中学校の教科書の表紙（表紙をコピーしたもの等）を見せ，教科名を導入します。

T : O.K. You like P.E. and, arts and crafts, C1 ?

C1 : Yes.

T : Next month, you will go to junior high school. These are your textbooks.
This is English. This is Japanese, and this is math. In elementary school, this is 算数, but it is 数学 at junior high school.
What's this ?（「歴史の教科書」の表紙（HP 等から印刷したもの）を見せる。）

C : History.

T : Yes. It is "history." I liked history very much. Now, I like it too.
What's this ?（と言って地理の教科書の表紙を見せる）This is "geography."

C : Geography.

T : Yes. In junior high school, social studies are divided into three textbooks.
One is "history" and the second one is "geography", the third one is "civics."
You'll study these three subjects at junior high school.
Look ! This is science, art, P.E., home economics, music and industrial arts.

Part 9

　児童に中学校で頑張りたい教科について尋ねます。

T：What subjects do you want to study ?　　　**C1**：I want to study English.

T：Why ?　　　**C1**：I like English.

T：Great ! Do you have any other subjects ?　　　**C1**：I want to study math too.

T：Why ?　　　**C1**：It's interesting.

T：I see.

❷ 中学校で頑張りたい教科について伝え合う。（10分）

　アクティビティ・シートを配付します。

Class Work　友達と頑張りたい教科について尋ね合います。

T：Look at ★1. Let's ask your friends. "What subjects do you want to study ?
　　　Write your friends' name on the right. Demonstration ! Hello.

C1：Hello.

T：What subjects do you want to study ?

C1：I want to study English, Japanese, and history. I like history.

T：You like history. So you want to study English, Japanese, and history.

C1：What do you want to study ?

T：I want to study English, math, and home economics. I like cooking and eating.
　　　こんな風に，できるだけ会話をしながら，頑張ろうと思っている教科について，尋ね合いましょう。I'll give you 10 minutes. Stand up. Let's start.

　振り返ります。

T：どんな教科を頑張りたいって言っていた？

　Writing　中学校で頑張りたい教科について書きます。

❸ まとめ（5分）

　振り返りカードへの記入を行い，学んだことなどを発表させます。

中学校でがんばりたい教科は何？

★1　次の中から, あなたががんばりたいと思う教科を3つ選んで友達と伝え合ってみましょう。

教科名		教科名	友達メモ
国語		Japanese	
社会	地理	geography	
	歴史	history	
	公民	civics	
数学		math	
理科		science	
音楽		music	
美術		art	
技術		Industrial art	
家庭		home economics	
保健体育		P.E.	
英語		English	

★2　あなたのがんばりたい教科を例にならって, 書いてみましょう。

例)　I want to study English, math, and music.

- -
- -
- -
- -
- -
- -

【著者紹介】

瀧沢　広人（たきざわ　ひろと）

　1966年東京都東大和市に生まれる。埼玉大学教育学部小学校教員養成課程卒業後，埼玉県公立中学校，ベトナム日本人学校，公立小学校，教育委員会，中学校の教頭職を経て，現在，岐阜大学教育学部准教授として小学校英語教育の研究を行う。

　主な著書は，『小学校英語サポート BOOKS　絶対成功する！外国語活動・外国語5領域の言語活動＆ワークアイデアブック』，『小学校英語サポート BOOKS　Small Talk で英語表現が身につく！小学生のためのすらすら英会話』，『小学校英語サポート BOOKS　導入・展開でクラスが熱中する！小学校英語の授業パーツ100』『小学校英語サポート BOOKS　英語教師のための Teacher's Talk & Small Talk 入門 − 40のトピックを収録！つくり方から使い方まで丸ごとわかる！』『小学校英語サポート BOOKS　単元末テスト・パフォーマンステストの実例つき！小学校外国語活動＆外国語の新学習評価ハンドブック』（以上　明治図書）他多数。

〔本文イラスト〕木村美穂

絶対成功する！外国語授業
33の英語表現指導アイデアブック　小学6年

2020年3月初版第1刷刊　Ⓒ著　者　瀧　沢　広　人
　　　　　　　　　発行者　藤　原　光　政
　　　　　　　　　発行所　明治図書出版株式会社
　　　　　　　　　　　http://www.meijitosho.co.jp
　　　　　　　　　（企画）木山麻衣子（校正）吉田　茜
　　　　　　〒114-0023　東京都北区滝野川7-46-1
　　　　　振替00160-5-151318　電話03(5907)6702
　　　　　　　　　ご注文窓口　電話03(5907)6668

＊検印省略　　　　　組版所　株式会社木元省美堂

Printed in Japan　　　　ISBN978-4-18-338810-0
もれなくクーポンがもらえる！読者アンケートはこちらから　→